QUICK ANSWERS FOR BUSY TEACHERS

快速破解60个日常教学难题

SOLUTIONS TO 60 COMMON CHALLENGES

[美] 安奈特•布鲁肖 Annette Breaux
托德•威特克尔 Todd Whitaker 著

中国青年出版社
CHINA YOUTH PRESS

图书在版编目（CIP）数据

快速破解60个日常教学难题 /（美）布鲁肖，（美）威特克尔著；黄蔚译.
—北京：中国青年出版社，2016.1（常青藤教育书系）
书名原文：Quick Answers for Busy Teachers: Solutions to 60 Common Challenges
ISBN 978-7-5153-3932-0
Ⅰ.①快… Ⅱ.①布… ②威… ③黄… Ⅲ.①课堂教学－教学研究 Ⅳ.①G424.21
中国版本图书馆CIP数据核字（2015）第254087号

快速破解60个日常教学难题

作　　者：〔美〕安奈特·布鲁肖　托德·威特克尔
译　　者：黄　蔚
责任编辑：肖妩嫔
美术编辑：杜雨萃
出　　版：中国青年出版社
发　　行：北京中青文文化传媒有限公司
电　　话：010-65511270/65516873
公司网址：www.cyb.com.cn
购书网址：zqwts.tmall.com
印　　刷：大厂回族自治县益利印刷有限公司
版　　次：2016年1月第1版
印　　次：2021年3月第2次印刷
开　　本：787 × 1092　1/16
字　　数：140千字
印　　张：12.5
京权图字：01-2015-0693
书　　号：ISBN 978-7-5153-3932-0
定　　价：39.90元

前言

卓越教学的秘密

你还记得自己第一次站上讲台时踌躇满志的感受吗？你还记得第一次面对学生时铿锵有力的誓言吗？你还记得第一次会见家长时胸有成竹的抱负吗？这一切都历历在目，只可惜，激情过去之后，每一名教师都会发现：教学永远是一项烦琐的工作！在这里，我们以多年的经验澄清一个误会：忙碌的教师成就一定很高。真相并非如此。事实上，很多卓越教师的忙碌程度，并不高于身边那些低效能教师。

卓越教师看起来职业生涯总是一帆风顺。他们每一年都能分配到优秀的学生；他们漫步在走廊时，总是面带笑容；上级领导非常欣赏他们；家长也十分喜欢他们。一切事物看起来似乎水到渠成。他们的生活确实一帆风顺——至少在校园里是这样的。事实上，他们只不过是实施了低效能教师并未认识到的基本技巧而已。虽然这些听起来过于简单，但却是不争的事实。

作为教育者、教育顾问和作家，发掘教师成功的秘诀已经成为了我们毕生追求的事业。我们希望将这些秘诀与全世界的教师分享。我们深知，所有教师无不希望“更上一层楼”；我们深知，教师是这个世界上最“善良”的人；我们深知，所有教师无一例外地都面临着具有普遍性的教学难题。但是，卓越教师处理教学难题的方式是如此一针见血、如此快速高效、如此令人拍案叫绝，这让我们下定决心将这些破解日常教学难题的方法分享给每一位期待进步的教师，希望每一位教师都能更好地教育好每一位渴望知识、努力奋进的学生。

本书包含了教师每天都可能会遇到的60个日常教学难题，书中提供了很多高效的诀窍、建议和答案，能够帮助教师彻底走出教学困境，轻松教学。

你是否希望学生的成绩大幅提升，同时自己工作中的乐趣更多、压力更少呢？如果答案是肯定的，那么在面对教学难题时，你只需跟随我们的建议、完善你的方法即可。

我们知道，世界上没有哪两名教师是完全相同的，也没有哪一种解决方法是适用于所有条件的。因此，我们的目标是为你提供很多高效的理念和策略，以备不时之需。对你而言，书中有些策略或许是革命性的，有些策略或许只不过帮助你稍作调整，有些策略或许是一个善意的小提醒。由于肩负众多责任，作为教师的你很容易顾此失彼，有时甚至会不自觉地放弃很多对学生有益的做法，错过很多学生成长路上的关键瞬间。因此，我们致力于提供高效的诀窍、理念和策略，可以适用于教师所面对的绝大多数教学难题。作为教师，你的一举一动都影响深远。我们希望，有了这本书的帮助，作为教师的你能够在学生的生活中扮演更加举足轻重的角色。

目录
Contents

第二部分　成年人带来的挑战

第三部分　课堂管理带来的挑战

第四部分　教学指导带来的挑战

第五部分　职业发展带来的挑战

PART 1

Challenges with Students

学生带来的挑战

“捣蛋鬼”学生扰乱课堂

棘手情境

每个班级也许都会有一两个调皮捣蛋鬼。他就是所谓的“课堂小丑”，但他所带来的并不总是欢声笑语。他喜欢受人关注，并且为此不计任何代价。他会利用任何情境——甚至是严肃的场合——通过旁敲侧击来展示自己的幽默。虽然他滑稽的举止有时令人恼怒不已，但这名学生往往聪颖机灵，而且他的某些笑话确实令人捧腹。你无法完全否认他的创造力。他有一批忠实的拥护者，也就是他的“好哥们”，这群拥护者总是乐于怂恿他表现自己。其他人则对他“白眼有加”，认为他是个讨厌的人。当他出现在你的课堂时，你发现自己高度紧张，总是担心他的下一句俏皮话是什么，生怕自己没有做好应对的准备。

关键问题在于，捣蛋鬼的所作所为只不过是为了吸引注意力而已。而且他也的确成功了（研究表明，绝大多数学生不良行为的根本原因都是为了吸引注意力）。你，作为课堂中的职业教师，必须意识到，这名学生之所以如此渴望他人的注意，背后必然有其原因所在。或许，他的家庭存在问题，令他不堪重负；或许，他在学校中遭遇到了难以处理的问题；而且，几乎无一例外的，这种捣蛋鬼都不够成熟，或者欠缺自尊。

那么，你应该如何处理呢？首先，要意识到课堂捣蛋鬼的所作所为并非针对你个人，因此不要把他的俏皮话和自己联系起来。相反，他只是为了感受到自己是个重要的人并且证明自己可以获得他人的注意。了解了这一点，你才能够更加谨慎、高效地处理问题，同时降低自己的情绪化程度。

解决之道

为了恰当地处理课堂捣蛋鬼的问题，可以采取以下几种方法：

- 在某些情况下，如条件适宜，在捣蛋鬼说出俏皮话之后，笑一笑是无伤大雅的。你不可以让学生感到：你的课堂无法接受幽默。恰恰相反，幽默在任何课堂中都是极为重要的组成部分——当然了，此处所指的是恰如其分的幽默。
- 务必与整个班级的同学探讨恰如其分的幽默和不恰当的幽默之间存在哪些区别。要告诉他们，学习就是学习，玩乐就是玩乐。要举出一些示例，说明哪些是恰如其分的幽默，哪些又是不恰当的幽默。
- 切记，不要怒火冲天，也不要表现出自己被捣蛋鬼所冒犯。这会让本来就“脆弱”的气氛雪上加霜。你这样做，还会告诉他，他正在掌控你的情绪，而这恰恰是你万万不可传递出的信息。
- 单独与课堂捣蛋鬼谈话。说明你很欣赏他的才智出众、创意超群以及聪明机敏。但在此基础上，要提醒他，在某些情况下他的幽默并不合适。列举出他恰如其分的幽默和不恰当的幽默的具体事例。告诉他你希望帮助他以负责任并且成熟的方式行事。表达出你对他的关心，如果他在学习和生活中有什么困扰，可以随时与你分享（但是，倘若他表示自己没有什么困扰，也不要吃惊。不要操之过急。让他知道你关心他，他随时可以与你交谈即可）。
- 与课堂捣蛋鬼约定某种类别的信号，只要他的笑话不合时宜，就要发出信号，让他知道自己必须立刻停止。信号必须尽可能得不引人注意。
- 在课堂捣蛋鬼遵守课堂纪律时，给予他越来越多的积极关注。只要有可能，就要注意到他的适宜行为，并且进行表扬。
- 当你发现捣蛋鬼的表现有所好转时，不论好转的程度有多低，都要单独与他交谈："我注意到你最近确实非常努力，你让自己的笑话非常有意义，而且这种笑话很适合在课堂上讲。这说明你成熟了。我为你感到骄傲。要继续努力啊！"

使用上述技巧之后，几乎总是能够产生立竿见影的积极效果。

关键要点

- 课堂捣蛋鬼的目的是让他人关注自己——而且背后总是存在原因的。如有可能，要确定其原因究竟是什么。
- 永远不要认为捣蛋鬼的不适宜行为是针对自己的。
- 开怀畅笑是一件好事——前提是它必须符合社交礼仪。确保你的学生能够认识到这一点，并且务必跟学生分享自己幽默的一面。
- 告诉捣蛋鬼恰如其分的幽默和不恰当的幽默的区别。帮助他更加恰当地应用自己的幽默。
- 当捣蛋鬼的表现有所改善时，要给予积极的关注和赞赏。
- 要有耐心，不良习惯的破除绝非一日之功。

学生拒绝做功课

棘手情境

我们都曾遭遇过这种场景。你布置了一项学习任务，所有孩子都开始忙碌起来。所有人，除了一名学生。该学生一贯如此。你甚至都能够在布置任务前就对他的行为做出预测了，他不是把头放下来，就是东张西望，就像是在说："你们大家为什么麻麻烦烦地做这个啊？我才不做呢。这个太愚蠢了。"在某些情况下，他不仅会这么想，还会切实地说出来。你也曾经试着督促过他，但他对你爱搭不理。你也曾经诉诸过其他方式："如果你不认真学习，那么……"然后，你指出他的行为会面临相应的结果。他的态度则是："我才不在乎你说什么、做什么。我就是不做。"你甚至还曾将他交由校长办公室来处理。可惜，一次又一次，你都以失败告终，这导致你越来越郁闷，而该学生则完全了解这些情况。你不希望再与这名学生进行"权力"斗争了，但你束手无策。这名学生的成绩一落千丈，但他不以为意。

解决之道

首先，必须认识到，一个学生拒绝做功课，背后肯定有其原因所在。着手解决这一问题之前，必须确定其背后的原因是什么。

下面是学生拒绝做功课最常见的几个原因：

- 该学生在学校或者家庭生活中遭遇到了个人的问题。
- 该学生希望用不做功课的方式来获得同学的注意。
- 该学生着力于控制你（在某些情况下，行为问题根植于学生对"权力"的需求）。
- 该学生害怕失败，因此他对失败安之若素。换言之，"与其竭尽全力，最后因为自己无法做功课而惨遭失败，不如完全不做努力，安心于失败状态”。

作为一名高效能教师，你的首要任务就是找出学生不做功课背后的真实原因。之后，解决问题时才会更加得心应手。

曾经，有一位教师这样介绍自己课堂中不做功课的学生：“他在课堂上几乎无所事事。令人扼腕叹息的是，他明明是拥有学习能力的。只要他想，他完全可以学好。但他说服不了自己。”我们询问这名教师，他认为该生行为背后的原因是什么。“我也不知道。”他回答道：“我感觉他仅仅是懒惰而已。”我们又问，该生是否知道老师很关心自己。他回答道：“我怎么可能去关心一个自己都不关心自己的学生呢？”啊哈！我们终于找到答案了。相信你也已经发现，这名教师认为学生的行为是针对自己的。他很愤怒于该生居然不做自己布置的功课。虽然他没有认识到这一点，但他对于这名学生的处理方式昭示出了一切。学生对此也心知肚明，而且利用了这一点。即便功课一塌糊涂，该生也要“打赢老师”。一旦这名学生感到教师对自己毫不关心，无论对学生还是对老师来说，这都是残忍的事实。

我们也曾经与另外一位面临相似问题的老师进行过沟通。他绝对是一名非常关心学生的教师，他对学生总是一视同仁。他说道：“我不知道班级里的一名学生发生什么事情了。他突然在课堂上不做任何功课。他就是坐在那里，一个人生闷气。当我让他尽快学习时，他说自己肯定不会照做，因为他感觉自己根本就不在乎学习。我很担心他，而且下定决心要帮助他。只要有机会，我就把他拉到旁边，跟他谈话。我告诉他，我真的很想帮助他，但首先他需要告诉我究竟发生了什么事。这名学生的泪水顿时夺眶而出，他告诉我说他的父亲最近进了监狱。我也想哭。但是我忍住了，我告诉他不论发生什么，我都会守候着他。如果他想要聊天，我会认真倾听。如果他想要哭泣，可以在我面前尽情流泪。他非常感激我的关怀和理解，很快就主动完成了自己所有的功课。同时，我还督促自己每天都要额外地去关注他，对他露出温暖的笑容。我虽然没有解决他的家庭所面临的问题，但是我为他在学校里营造出了一种安全且温暖的环境，让他能感受到爱和成功。”

学生之所以拒绝做功课，背后必然存在特定的原因。绝无例外。而你的工作就是要挖掘出这个原因，然后尽力去帮助学生克服自己所面对的任何困难。如果他不理解学习材料，请为他进行辅导和讲解。如果他遇到了问题并且愿意跟你沟通，请认真倾听。如果他想将你拖入到“权力斗争”中，请不要参与进去。诚如俗语所言：“蜂蜜比醋能够招来更多的蜜蜂。”要以同情的态度与学生打交道，温柔且冷静地询问：“你需要我来帮助你学习功课吗？”然后，就耐心地帮助他。不论付出什么代价，都不可表现出对学生的愤怒以及自己的受挫感，因为这种方式永远不会获得成功。

关键要点

- 学生拒绝做功课时，首先要确定其背后的真实原因。
- 如果学生不理解学习材料，请为他进行辅导和讲解。如果学生遇到了（生活或者学习方面的）问题并且愿意跟你沟通，请认真倾听。在某些情况下，问题的解决需要获得家长、校领导或者学校顾问的相助。如有必要，请积极寻求协助。
- 要尽己所能，让学生知道你很关心他，也乐于帮助他。
- 不要让自己参与到和学生的权力斗争之中，你毫无胜算。相反，你要冷静地与学生进行交谈，并且主动伸出援手。行动应该源于关心，而不是沮丧。
- 切记，只有教师关心学生，学生才能提升学习成绩、减少不良行为。每一天都要表达出你的关心和关怀。

学生不喜欢你

棘手情境

作为教师，我们的处境总是非常微妙。我们是教室中的成年人，需要负责任地去教育未成年的学生。我们拥有诸多头衔——教师、护理员、行为榜样、决策者、振奋人心的演讲者、倾听者、辅导员、啦啦队长、同情者、权威人物、纪律执行者、可推心置腹的知己、咨询师、知识传递者，凡此种种，不一而足。虽然我们对学生应该保持友好的态度（与“不友好”相对），但是，我们不应该竭力成为他们的“好哥们”或者“好姐妹”。如果教师的行为与学生的朋友完全一致，那么学生就会迅速失去对教师的尊重。我们并不是他们中的一员。一旦他们视我们为他们的“一份子”，我们的影响力就注定被削弱。

学生喜不喜欢你完全无关紧要吗？答案当然是否定的。不妨试想你所厌恶的几个人，如果每天都要和他们共处一室，你会有什么感觉？你会愿意去倾听他们、尊敬他们并且向他们学习吗？这种可能性很低。学生对我们的爱戴十分重要，只有这样才会更好地激发他们向我们学习的积极性。如果一名学生不喜欢你，那他不仅会停留在“不向你学习”的程度，甚至有可能对你产生敌意，扰乱课堂秩序。

当一名学生不喜欢自己的老师时，他可能会表现出以下行为：

- 行为内向。
- 对教师怒目相向。
- 无论教师说什么、做什么，都反其道而行之。
- 对教师口出恶言。
- 拒绝做功课。
- 拒绝专心听讲。

- 跟其他人说教师的坏话。
- 对教师或者教室中的其他人态度不好。

倘若学生表现出了上述行为，其根源一定是出于对教师的不满吗？当然不一定。在某些情况下，学生在家里或者校内遇到困难，也会在课堂上表现得很内向或者很愤怒。这种行为并非总是针对教师的反应。学生在课堂上不认真听讲的行为，其原因不可胜数。尽管如此，判断学生是否喜欢你通常而言都十分简单。

解决之道

如果班级中有一名或者几名学生不喜欢你，你要如何处理呢？

首先，努力判断学生不喜欢你的内在原因。万万不可直截了当地问学生："嘿，为什么你讨厌我啊？"这只会让学生觉得他能够掌控你。他或许会想："不错，他注意到这一点了。而且他还为此感到很困扰。"对学生而言，这就是一种掌控感，他知道自己能够控制一名成年人的情绪。所以，要向前回顾，找出导致学生不友好行为的真正原因。或许他曾经行为不端，而你惩罚了他（顺便提一句，惩罚行为不端的学生绝不是错事，学生必须对自己的错误行为承担责任）。你可以把学生叫到一旁，问他："是不是有什么事在困扰你呀？最近你的表现很反常，让我很担心。我能不能帮助你做些什么呢？"这样的话，你就让学生知道你很关心他，也很在乎他，而且你也同时向他表明，他的行为并没有影响到你个人。

在某些情况下，问题是学生认为你不喜欢，也不关心他。这一问题比较容易解决。你可以立刻行动，专门为他做一些事情，让他知道你喜欢他。你非常喜欢他！

倘若不喜欢你的学生不止一个人，那么就要进行深刻反思，自己哪些行为导致了这种情况的出现。同时你要马上行动，力挽狂澜。

关键要点

如果你发现一名或几名学生不喜欢你，那么就要考虑以下行动：

- 学生只有喜欢并且信任教师，学习效果才最棒。
- 让学生感觉到你喜欢并且信任他们，因为学生喜欢那样的教师。
- 对所有的学生都要友好相待。
- 一旦你确定了学生不喜欢你的原因，你就能够立刻着手修复这段关系。

你让学生难堪了

棘手情境

今天你很不顺。早上起来的时候，身体感觉就不好，但还是坚持来上班了。你觉得能勉强撑过今天就不错了。你向学生们宣布，今天你感觉不好，希望他们乖一点，表现好一点。第二节课下课时，你开始收家庭作业。可惜，詹姆斯又一次没能上交作业。他还没开口解释，你就大发雷霆。你在所有学生面前，对他说自己已经受够了他的借口和不负责任。你警告他不可以再迟交作业。你的声音很大，你的面色严厉，同时你的行为也充满威胁性。詹姆斯垂下了头。你感觉自己看到他迅速擦掉了眼中的泪水，但是他的头低下了，所以你没法确定。不论如何，你都希望收回刚刚对他所讲的话。更不幸的是，另一位学生说："詹姆斯昨天整夜都在医院。他的爷爷心脏病发作了，他们一家人当时都不知道老人能不能活下来。"

你真想钻到地缝中去。你感觉自己非常对不起詹姆斯，也为自己刚刚的行为懊恼不已。本应受你关照的学生昨晚刚刚遭到了打击，你却在他的伤口上又撒了一把盐。现在，你必须思考如何得体地处理这一复杂的情境。

我们很多教师都出现过这种情况，不经意间，我们就在学生面前表现得极不专业，让他在同学面前尴尬无比。意识到自己的所作所为后，我们就必须面对"如何尽可能恰当地修复这段受损的关系"这一难题。

解决之道

如果你让学生在他的同学面前尴尬无比，那么你必须做一件事：

道歉。道歉应该在所有人面前完成，不可私底下进行。你知道，学生之所以会感到尴尬，其部分原因就在于这一切都是在全班同学面前发生的。因此，同样的一群人也应该见证道歉的过程。

- 首先，要拒绝以任何方式合理化自身的冲动行为。譬如，不要说："很遗憾你的爷爷进了医院，也很抱歉我刚才对你发了脾气，但你之前总是不交作业，因此，你也能够理解为什么我会认定你这次又不按时交作业。"这并非诚心诚意的道歉，只会让你和该学生之间的关系进一步受损。

- 看着学生，真诚地道歉。不要仅仅说你很抱歉。要确切地告诉他你为什么对自己的行为感到抱歉。譬如说："詹姆斯，我很抱歉刚才我跟你发火了。那是我的错，老师不应该这样对你。我知道自己伤害到了你，所以我要为自己的行为表示道歉。"如果你忍不住要解释自己当天身体感觉不好，就要遏制住这种冲动。自己感到糟糕并没有赋予我们令他人同样感到糟糕的权力。

- 请求谅解。可以说："我希望你能够原谅我。我会尽己所能不让同样的情况再次出现。"

你已经重塑了学生的尊严，但愿你也已经修复了你们之间的关系，而且你也（向詹姆斯和他的同学们）展示出了什么才是恰当的道歉。你吸取了教训，学生也上了宝贵的一课。不知不觉中，你或许也已经修复了你与整个班级之间的关系。切记：学生们都不希望看到自己的同学受辱。

接下来你要做的就是尽力向詹姆斯和全班同学证明你已经从错误中吸取了教训，并且永远不会再犯了。顺便提一下，假设詹姆斯就是毫无理由地没交作业，难道你当时的反应就很合适吗？显然不是。不论私下还是公开，侮辱学生都是不得体的行为。倘若他在没有任何合理理由的前提下未交作业，那么教师完全可以私下里找他谈一谈，并说明这种行为的后果。比如，你可以说："詹姆斯，你又没能够按时上交作业，这让我感到很失望。我们之前已经谈过了，这一次不交作业会有相应的后果。"惩罚必须合乎逻辑，之后，过去的事就一笔勾销。下次布置作业时，要鼓励詹姆斯及时完成作业。你可以说："我期待着你顺利完成作业。加油哦。"

关键要点

只要你发自内心地真诚道歉，你总是能够获得学生的原谅。只有在全班学生面前道歉，才可以重建学生的尊严。同时，作为行为榜样，你也向学生展示了如何坦承自己的错误以及如何为自己的行为表示真诚的歉意。

学生在你的课堂表现不好，在别的课堂却专心致志

难题 5

棘手情境

为什么某些孩子在爸爸和妈妈面前的表现完全不同呢？为什么有些孩子在家里和在学校像是两个人呢？又为什么有些学生在不同老师的课堂上表现得完全不一样呢？答案很简单：学生的行为之所以不同，是因为其所处的环境不同。在每种环境下，他们都能够迅速了解要求、规则和程序是什么。他们知道，哪些行为能够被某人所接受，而无法被他人所接受。他们知道，在每种环境下，自己的哪些行为毫无问题，哪些行为不可容忍。

马文从事教师职业刚刚五年，如同大多数新教师一样，他也因课堂管理问题而困扰不已。学生已经完全逃脱了他的掌控。在马文的课堂上，他们交头接耳，四处乱跑，打扰他人，公然睡觉，放声大笑，而且基本上不做功课。马文苦苦哀求学生，时不时地提醒大家遵守纪律，他甚至威胁学生，对着学生大喊大叫，并将很多学生请到了校长办公室，他召开了家长会，同时他还做了一切自己能够想到的方法试图让学生认真听讲，然而全都无果而终。局势一发不可收拾，完全失控，马文也是如此。

丹妮丝是一位经验丰富的教师。她受命帮助马文力挽狂澜。第一次听课之后，马文告诉丹妮丝，这不是教师的错，这群学生全都被宠坏了，而且非常懒散，对教师的话完全充耳不闻。丹妮丝决定带着马文去观察一下同样一批学生在麦克课堂上的表现。麦克拥有数十年的教师工作经验，是一位课堂管理的大师。他喜欢教学工作，他喜欢每一名学生，而且学生对他也非常爱戴。观察过麦克的课堂之后，马文

对丹妮丝说："我认为或许是我的行为影响到了学生的表现。我注意到，学生在麦克的课堂上表现完全不同，而且，麦克的行为与我自己的行为也完全不同。因此，如果我改变自己的行为，或许学生的行为同样也会发生改变！"丹妮丝则表示，问题并非源自"马文这个人"，而是因为马文缺乏管理技能，加之他对待学生缺乏积极的态度。丹妮丝和马文继续观察麦克的课堂，将他管理课堂的所作所为一一记录下来。之后，丹妮丝又协助马文将同样的做法实施在他的课堂当中。一天之内，课堂情况就出现了好转的迹象；几周之后，课堂面貌就焕然一新了。之后的一学年，马文仍然继续从其他优秀的教师那里征求意见和建议。这些教师都非常乐于助人，并且为他人有求于己而感到荣幸。如今，马文自己已经成长为一名课堂管理大师，积极致力于为其他困扰于课堂管理问题的新教师提供协助。

你的学生中是否有个别学生在你的课堂上表现欠佳，但是在其他教师的课堂上则表现优异呢？或许你的问题还没有严重到马文课堂的混乱程度，但若放任自流，则很有可能遭遇马文的困境。

解决之道

以下就是马文在麦克的课堂上学习到的课堂管理技巧：

- 建立起一套简单、明了的规则和程序。
- 与学生讨论并且解释新的规则和程序。
- 设计出获得学生注意力的方法。
- 不论学生的表现如何，你的声音都要保持冷静，并秉持职业态度。如果你像马文一样让学生发现你的受挫感，事态会迅速呈雪上加霜之势。
- 规则和程序必须从一而终。要让学生为自己的行为负责，但在此过程中教师必须足够冷静、足够专业。

- 要时时面露笑容，向学生展示出你每一天都乐在教学工作之中的姿态。
- 要对所有的学生都特别上心，尤其是那些存在严重问题的学生。

关键要点

如果有些学生在你的课堂上表现欠佳，但是在其他教师的课堂上则表现良好，那么请一定要虚心向那些卓越的教师求教他们的教学秘诀。如有可能，请观察学生在卓越教师课堂中的表现，并与那些老师积极探讨课堂管理计划，询问他们针对问题学生采用了哪些策略。

每个人都能从他人身上学习到很多知识。不要有错误的顾虑："如果我请求他的帮助，他可能会觉得我是一名不够优秀的教师。"没有哪个人是全知全能的。如果你因为顾忌自尊而不虚心求教，那么对自己和全班学生都是百害而无一利的。

另外需要提醒的是，不要去寻找那些受到同样问题困扰的教师。你们或许能够互相安慰，在短期内也会感觉不错，但是从长远来看，这样做对自己和学生毫无助益。相反，你需要鼓励那些教师一起去寻求卓越教师的建议。之后，你们都可以通过自身努力而成为更加优秀的教师。

学生犯错了，你不确定惩罚是否合适

棘手情境

场景之一

马格针对自己课堂中手机的使用制定了十分严厉的政策。上课过程中，手机必须关机。任何时候都不允许收发短信。某一天，学生们都在忙碌地做功课，马格突然注意到，贾马尔手里拿着手机，显然正在发短信。他走到贾马尔桌前，拿走了他的手机，发现他果然正在发信息。他问道："贾马尔，课堂上手机的使用规定是什么？"贾马尔答道："不准发短信。"马格说："好吧，既然你违反了规定，我希望你给妈妈发一条短信，告诉她你没有遵守课堂要求，被老师抓到发短信了。"贾马尔按照马格的话发送了短信。

请回想整个事件经过。教师制定了不准发短信的规定。学生没有遵守规定发送了短信。作为惩罚，他被要求再发送一条短信。这种做法传达出的信息难道不是很混乱吗？显然，教师并没有做到深思熟虑。哪种行为结果是更为恰当的呢？对马格来说，更恰当的做法应该是没收贾马尔的手机，下课之后再予归还。

场景之二

在另外一个课堂上，凯特定下的规定是：上课过程中，不准登录个人社交媒体网站。这一天，玛利亚和吉娜在电脑前浏览他们最喜欢的社交网站，观看朋友们所发的状态（当时他们本应该完成老师布置的课堂作业，进行在线调研）。凯特走到两人身旁，轻声说道："老师知道，你们肯定也知道自己应该完成作业。不过你们似乎忘记了在课堂上不准登录社交网站的规定。"两个女孩表示了歉意。凯特又说："要不你们回到书桌前，先做功课中的书面部分怎么样？明天再做在线调查吧。”接下来的课程中，所有人都在电脑前做功课。只有玛利亚和吉娜单独在课桌前学习。

请回想整个事件经过。教师对于教学时间使用社交媒体制定了专门的规定。两名学生没有遵守规则，因此，必须承担合乎逻辑的后果。没有大吵大闹，没有师生角力，由于两名学生没有按照规定使用电脑，因此在剩余的课堂时间中他们不允许再使用电脑。

场景之三

派特正在组织学生进行小组讨论。在此之前，他已经反复强调，小组成员之间必须和睦相处，讨论也要轻声进行。小组讨论过程中，好几个小组成员抱怨说约翰发出了令人心烦意乱的噪声。派特之前就听到了噪声，正在寻找发出声响的是谁。他把约翰叫到一边说道：“给我去走廊坐着，想怎么叫就怎么叫吧。”然后，他就一直把约翰“晾”在那里。

请回想整个事件经过。教师布置了功课。学生需要分组完成。约翰的表现则说明他不愿意与小组成员合作学习。教师却让他待在走廊，继续自己的不良行为。不可否认，教室里的噪声问题得到了解决，但教师也容忍了学生在走廊继续大吵大闹，而且约翰连作业都不用做了。对学生来说这不恰合心意吗！试想：在我们的眼皮底下，学生的行为不合规矩，为了应对这种情况，我们的答案是，把他放在走廊里，并奢望他在我们不监督的情况下表现优异。

更加恰当的一种处理方式是，首先与约翰交谈：“你发出的噪声打扰到了组员。如果你仍然这样做，就不能再跟小组合作了。你自己决定一下。”如果他仍然我行我素，凯特就可以将他移出小组，让他自己独立完成功课。对于学生而言，这种处理方式更加符合逻辑，也更加有效。

解决之道

作为教师，我们希望自己的所作所为正确、公平、对学生最为有利。那么，如果学生的所作所为必须产生相应的惩罚，我们如何确定该惩罚是否恰当呢？

- 首先要牢记，不是任何微小的不端行为都必须产生相应的后果。在某些情况下，如果违例行为不够严重，教师可以选择忽视学生的小差错。譬如，如果某一学生偶尔跟其他同学窃窃私语，教师通常可以忽视。倘若违反纪律的行为较为严重，则必须承担相应的惩罚。以约翰发出噪声的示例而言，由于他的行为打扰到了其他组员，因此将他从小组中移出完全合情合理。
- 如果你决定要让学生为自己的行为承担相应的惩罚，那么务必确保该惩罚合情合理，并且与学生的不端行为较为匹配。
- 要注意，惩罚须对事不对人。当学生行为不端时，不要让自己的情绪也掺杂其中。要用冷静的声音告诉学生这种行为必须承担的后果。你完全可以在不怒火冲天、尖酸刻薄的前提下保持严肃认真、就事论事的态度。你可以帮助学生，让他意识到一切都由他自己掌握，你可以跟学生说："你可以做功课，也可以休息。这都取决于你。"
- 在学生表现欠佳之后，一定要与他进行谈话，告诉他将来在面对相似的情境时什么样的行为才是最恰当的。不要奢求只要学生受到了惩罚，就能够知道将来如何做出更加负责任的选择。

关键要点

要让学生知道：他们必须学会尊重他人、敢于负责。在优秀教师的课堂中，学生们能够迅速意识到消极的行为会产生相应的惩罚。这些惩罚必须合情合理，才能产生应有的效果——让学生在课堂中学会三思而后行，认识到自己之前的表现为什么欠妥。如果某一学生叫另一位同学的外号，那么持续几天让他孤立于班级就不合情合理。更加合情合理的做法是，与该学生探讨他的所作所为，帮助他认识到自己对他人造成的伤害，然后让他向那位感情受到伤害的同学道歉。惩罚要想产生效果，必须满足以下几个条件：一是必须合情合理；二是必须密切相关（必须与学生实际的行为存在关系）；三是学生必须理解为什么自己的行为是不负责的以及将来如何选择更加负责任的行为方式。

你不知道什么时候可以将学生请到校长办公室

难题 7

棘手情境

在教师生涯中，长期存在的一个问题是："教师是否应该因为学生不遵守纪律而将其请到校长办公室？"这一问题并不存在简单的"非是即否"的答案。更易于回答的问题是："哪些类型的行为必须将学生请到校长办公室进行处理"以及"若教师经常因为纪律问题将学生请到校长办公室，这将给学生传递出什么样的信息"（最后一个问题的关键词是"经常"）。谈到"经常"这个词，必须指出，经常因为纪律问题将学生请到校长办公室的基本来自于百分之十的那一部分教师。这也是绝大多数校长非常认同这一点。每名校长都能够预测出今天哪名教师将会请来最多的学生。

那么，教师因为一些微不足道的违纪现象就频繁地将学生请到校长办公室，这将传递出哪些信息呢？答案是：教师并非真正全权负责的人，真正负责的是其他人（在教室之外的校长办公室）。虽然这是教师所不乐见的信息，却是学生的切身感受。

请阅读以下示例。某名教师在处理课堂纪律时，非常依赖于校长。某一天，因为某名学生上课时不断说话，教师又将他请到了校长办公室。学生进了校长办公室，但是马上就返回到了教室，脸上洋溢着笑容。之后大家自然而然会提的一个问题是："刚才怎么了？"该学生必然会说："没什么。"这时候，教师就比当初将学生请到校长办公室时更加郁闷。他不经意间忘记了，所有的学生都会回答"没什么"。如果想要一探事实真相，他应该直接去询问校长。但是，通常情况下，如果经教师询问后校长回答道："我们刚才聊得不错，探讨了一下他接下来应该如何遵守课堂纪律。”教师难免会感到无比郁闷。“什么？就这样？他们两个人只是聊聊天而已吗？”他会跟其他同事抱怨道：“都是校长做的好事。难怪学生在我的课堂上表现都这么差！”既然如此，教师认为校长在办公室中做什么，才能确保学生在课堂上的表现有所提升呢？请记住——在这一情景中我们所探讨的并非严重的违纪，而是一些轻微的课堂违纪现象——如果教师不加以管控，其出现频率必然会逐渐上升。尽管在某些情况下校长可以充当“创可贴”的角色，但如果教师缺乏有效的课堂管理技巧，则校长的作用也只是暂时的。或许所有教师都必须自问的一个问题是：“在学生从校长办公室出来后，直接问他跟校长说过什么是否合适呢？”这个问题最常见的答案都是否定的。

那么，由于纪律问题将学生请到校长办公室是否合适呢？如果情况比较严重，那么答案就是肯定的。譬如说，某一学生表现得比较暴力。绝大多数校长通常会坚持命令教师将暴躁的学生请到校长办公室。不过这些情况属于例外，并非常规。前文所提及的那百分之十的教师之所以将学生请到校长办公室，都并非缘于严重的问题。绝大多数案例都可以，也应当在教室中予以解决。

解决之道

倘若你不确定将学生请到校长办公室是否合适，直接去问校长即可。询问你的校长，他感觉哪些情况下应该将学生请到校长办公室，哪些情况应该由教师本人处理。普遍适用的原则是：只要能够在教室中解决的问题，都应该在教室中进行解决。

尽管如此，教师应切记，如果学生出现严重的行为问题，就必须将其请到校长办公室。要明确学生出现哪些行为会被请到校长办公室，并且让全班同学都对其有所了解。如果按照学校规定，任何暴力行为都会导致学生被请到校长办公室，那么教师务必要让学生知晓这个政策。假设学生将违禁物品带入学校，那么学生一定知道校长会亲自处理这件事情。如此，当严重违纪问题出现时，全班同学都会知道校长办公室将坚持介入，所以，这并不会损害教师的威信。从本质上来说，学生在做出某一行为时已经知道它属于严重违纪了，所以，实际上是学生自己将自己请到了校长办公室。

关键要点

自问，在我的课堂中，学生出现哪些类型的行为后应该被请到校长办公室？我是否会自己处理这些问题呢？当我将学生送到校长办公室后，我究竟想要实现什么目的呢？当然，答案永远是：帮助学生思考自己的所作所为，帮助他今后成为一个更加成熟或者负责的人。

另外，切记你是教室中的权威人物，是应该处理所有轻微违纪问题的人。

学生当众挑衅你

棘手情境

课堂上，你正在给学生讲课。一名学生不喜欢你所布置的功课。其他学生都忙得热火朝天，他却斩钉截铁地让你知道他不会做功课、你也无法强迫他。他跟你说话的时候毫无敬意，而且声音很高。这一切发生时，全班学生的目光并没有集中在该学生身上。他们在看谁呢？他们在看你！每个人都在等待着你将如何作出回应，包括刚才对你不敬的学生。这时你会怎么处理呢？

假设你平时对自己的学生都非常尊重（因为如果你不尊重学生，学生不尊重你的现象就会非常普遍），那么你会大吃一惊。你或许会感到很受伤，或许会因为学生的行为而觉得十分尴尬。你一定要注意，永远不要将学生的行为视作针对你个人。你只不过是他们沮丧情绪的发泄口。为什么他会这样做？或许，他在家庭生活中遭遇了困难。或许，他在课堂内遇到了挫折。或许，他想竭力在朋友面前炫耀自己对成年人的掌控能力。不论如何，总会有一个原因。但是，这一原因也无法使得学生的行为可以被接受或者被允许。此时此刻，真正至关重要的并不是他的行为，而是你的行为。

解决之道

下面是成功处理失礼学生的一些窍门：

- 要意识到，该学生的目的就是激怒你，把你拖入到一场意志的斗争中，同时让你显出沮丧之态，让所有人都知道他能掌控你。此时，你千万不要参与到他的游戏之中，因为你毫无胜算。
- 当学生对你不敬时，你必须遏制住自己做出激烈反应的冲动。

要知道，大家的目光都集中在你身上。你必须理智地处理这件事。

● 跟学生说话时要保持冷静。切记——学生们都在注视着你。最恰当的一种说话方式是："我能看出来你现在情绪很沮丧，所以，我会等你冷静下来，然后再跟你谈一谈。"（可见，你并没有忽略掉学生的不敬行为。失礼表现决不可视而不见。相反，你要给学生一些时间，让他冷静下来，同时让他切实了解到你之后还会跟他谈话。）

● 在与学生谈话时，必须时刻保持镇静的姿态和职业的态度。不要一味说教。你可以说："哇哦，你看起来确实非常沮丧。你内心深处应该知道自己的行为比较失礼，也很不得体。究竟发生了什么？"之后，就耐心地听学生诉说，你可以边听边体现出你的关心和关怀。一定要竭尽全力地探明是什么事情让学生感到困扰。

● 可以对学生进行适当的惩罚。不过，要确保该惩罚是因为学生做出了不敬行为，而不是因为他让你尴尬了。不可否认，"你的行为非常失礼，所以要对你进行相应的惩罚"和"你让我感到很尴尬，所以现在你必须要付出代价"之间，是存在着天壤之别的。

● 跟学生谈一谈下次他应该如何处理师生之间的沟通。不要理所当然地认为经过这次事件学生就知道应该如何举止得体了。

● 不要让他看出一丝一毫你被激怒或者感到沮丧的痕迹。

● 切记：对学生怒火相向，只会在他们心中激起再次挑战教师权威的冲动，而且绝大多数学生都会不停地挑战你的权威。

● 谈话结束时，要微笑着说："让我们把这件事'翻'过去，重新开始。如果你今后因为什么事情而感到恼怒或者沮丧，随时都可以来找我，我们可以一起谈一谈。"

关键要点

提前就构思好自己处理学生失礼行为的方式。的确，事情突然发生时，难免会令人猝不及防，但这也没关系，因为你事先就已经知晓你必须隐藏起自己的情绪，冷静且职业地加以应对。切记，不要认为学生的行为是针对你个人的。如果你有这样的感觉，那么你必然处理失当。这不是一场好人与坏人之间的斗争。这只是一名学生表现失礼而已。要给学生冷静下来的时间，然后再跟他单独进行交谈。假如失礼行为存在相应的惩罚措施，那么按照规矩执行即可。

优秀的教师都知道，如何在表明坚决态度的同时，表现得冷静、有礼有节并释放出敬意。学生其实全都心知肚明自己能招惹谁、不能招惹谁。如果一名教师对学生总是有礼有节、让学生感到自己拥有尊严，那么学生很少会做出失礼的行为。这并不意味着优秀教师的课堂中永远都不会出现失礼行为。但当失礼行为出现时，优秀的教师会迅速、职业且高效地对其加以处理。

学生小心翼翼，不敢犯错

难
题
9

棘手情境

我不气馁，先前所做的尝试虽然是错误的，但是这至少让我们知道哪些是错的，这无异于向成功更迈进了一步。

——托马斯·爱迪生

这句名言警句完全可以贴到教室后面的墙上，并不只是为了教育学生，也是为了给你——他们的教师——时时做出提醒。在我们自己的教师生涯中，我们正是通过不断的试验和改错，才知道哪些教学技巧有效、哪些教学技巧无效。通往完美之路，从来都不是一帆风顺的！这一理念对于大多数学生和大多数教师而言，都比较难以接受。然而，它就是生活的事实，如果你能够张开双臂拥抱它，你就会更进一步。

我们时不时会遇上那些极其惧怕失败的学生。犯错时，他们很难恰当地进行处理。有些学生会暴跳如雷，然后全盘放弃；有些学生则会畏缩不前；还有一些学生甚至会否认自己犯下错误，转而去责怪他人给自己添乱。我们在学校中是否滋生了这种对于失败的恐惧，过于强调“正确”了呢？如果答案是肯定的，我们可以通过哪些措施来力挽狂澜——教导学生“错误中其实蕴含着机遇的种子”呢？

解决之道

以下是帮助学生勇于冒险的一些方法：

- 与学生分享一些你自己犯过的错误以及你从中所吸取到的教训。让自己成为一名勇于犯错、勇于承认错误并且从错误中进行学习的楷模。

- 给学生列举一些其他人在犯下错误之后，将错误转化为机遇的示例。譬如，现在大多数人应该都知道便利贴，它背后的故事却鲜为人知。便利贴的发明者斯潘塞·希尔福本意是开发出一种高强度的黏合剂。结果，他失败了。但在失败的同时，他发现了一种低强度、易于去除的黏合剂，最终成为便利贴的技术基础。生物学家亚历山大·弗莱明曾经因为休假忘记了清理用于实验的细菌皿。回到实验室后，他发现器皿的边框处出现了一些异常物体。这一错误最终导致了盘尼西林的发现。

- 告诉学生犯错并非什么大事。重要的是要从错误中恢复过来，并且利用从中学习到的教训令自身更进一步。

- 当学生犯错时，要予以支持。鼓励他找出错误中所蕴含的教训。

- 托马斯·爱迪生还说过一句话："我的成功来自失败。"请和学生分享这句话，询问他们应该如何理解这句话。之后，询问他们如何将此哲理应用于自己的生活当中。

- 要营造出一种可靠的课堂环境，学生在其中能够勇于冒险并且犯下错误。要向学生解释，一个人在知道自己可能会犯错的前提下，再去冒险需要具有相当的勇气。而不被错误所击倒，在失败之后东山再起、再次尝试，则需要更大的勇气。要提醒他们，没有人能够第一次尝试就学会骑自行车！但是，摔破几次膝盖对于学习骑自行车而言是必不可少的。

- 不要错误地认为一次犯错之后就能够完全吸取教训。整个学年，你都要持续不断地教导学生如何接受自己的错误并且从中吸取教训。

- 切记，在某些情况下，强调意图比关注结果更加重要。

关键要点

试想，在某一课堂上，教师总是真心实意地说："让我们思考一下自己能够从错误之中吸取哪些教训吧。”在这样的环境中，大家既能庆祝成功，也能拥抱失败。

好吧，或许没有人会庆祝考试成绩不佳，但是，如果更多的教师采取下面这首小诗中的人生态度教导学生，那么学生一定会成为学习和生活中的勇者。

我犯了个错误

我已竭尽全力，但我犯了一个错误。
不过，我的老师认为错误是极好的事。
他说："错误并不会导致失败，不要害怕。
从中吸取教训，不再重蹈覆辙即可。
然后，另辟蹊径，坚持到底。"
所以，我听从师命，我不断努力。
于是，我无法否认，我犯下了更多的错误。
但每当我跌倒时，我都从擦痕中
吸取教训，作为镜鉴。

学生在课堂上睡觉

棘手情境

这是一个十分常见的景象：在你的课堂上，一名学生的头低下来，眼睛紧闭，进入了睡梦状态。你应该认为这是针对自己的行为吗？你应该感到沮丧吗？你应该叫醒他还是让他继续睡觉呢？你应该忽略这个问题吗？如果你放任不管，其他学生是否会纷纷效仿将你的课堂作为小睡的时间呢？如果你决定叫醒他，最好的方式是什么呢？一旦他醒了之后，你该如何确保他保持清醒状态呢？

就学生在课堂上睡觉这一问题而言，虽然没有哪种方法能够一劳永逸地解决所有情况，但是你依然可以利用很多快捷而简单的有效方法和技巧来适当地处理这一问题。在着手解决问题之前，教师必须意识到，学生之所以在课堂上睡觉，原因是多种多样的。

以下是学生在课堂上睡觉最常见的几个原因：

- 他们觉得课程内容或者授课方式非常无聊。
- 他们不理解课堂所教授的内容，因此他们“开了小差”。
- 他们由于缺乏睡眠，在课后活动中由于运动过度而精疲力竭，所以感到十分疲惫。
- 他们生病了。

以下是教师在处理学生睡觉问题时应该避免的一些行为：

- 引起全班同学的注意，以羞辱睡觉的学生。
- 因为有学生睡觉而表现得十分沮丧。
- 让睡觉的学生大吃一惊。
- 惩罚该学生（在课堂上睡觉并不属于行为不端的范畴，因此不可按照不端行为进行处理）。

在考虑如何有效地处理学生睡觉问题时，教师首先需要确定学生睡觉的原因所在。只有确定了背后缘由，教师才能踏上真正解决学生睡觉问题的征途。

解决之道

以下是处理学生在课堂上睡觉的一些有效方法：

- 确定学生睡觉原因最好的方法，就是与他单独进行谈话。要表达出自己的关心之情，询问他睡觉的原因所在，并且竭力挖掘出问题的根源。

- 如果学生是因为缺乏睡眠而感到疲惫，教师须与其进行沟通。学生是否可以在自己可控的范围之内做一些事情，确保自身获得更多的睡眠呢？只要教师诚恳地表达出自己的关心，学生一定会感觉到的。

- 去寻找行为模式。是一个学生睡觉，还是几名学生一起睡觉？如果睡觉的学生不止一名，是不是因为课堂活动过于无聊了？如果真是如此，那教师就要增强教学活动的吸引力。

- 当你注意到有一两名学生打盹时，可迅速让学生舒展身体、休息一下，你可以让学生利用三十秒的时间，站起身来，伸展四肢。

- 如果有学生因为感冒药或者其他药物的副作用而精神萎靡，教师则应该跟家长沟通此事。在某些情况下，药物的服用时间应该做出更改。在某些情况下，服用剂量应该进行调整。不论如何，要让家长认识到，孩子所服用的药物已经影响到了孩子的课堂表现，这一点非常重要。

- 设定“起立区域”。为什么？因为站立的同时是不可能睡着的。如果你发现有学生难以保持清醒，就请他到起立区域——一张桌子或者平台，学生应该站立，而非坐下——继续学习。注意，不要将其变成一个惩罚区域。

- 如果学生因为生病而睡觉，要将他送到办公室，然后联系其家人。
- 如果你确定某一学生之所以睡觉是因为他并不理解你所教授的内容，那么在课后就应该根据其理解水平进行补课。
- 当学生打盹时，你可以站在他身边，也可以轻轻地拍打他，询问他身体是否有恙。
- 尽可能地让每一名学生都能够主动地、全身心地参与到课堂活动之中。
- 切记，主动预防总是要强于被动反应。当发现学生即将睡着时，要让学生做一些事情，引发他们的兴趣，以便驱走睡意。

关键要点

我们希望学生保持清醒，因为处于睡眠状态下的他们无法学习到任何知识。如果他们需要帮助，我们要对学生伸出援手。如果课程太过无聊，我们就要让课程内容更加有趣。如果学生并不理解我们的授课方式，我们就要使用他们所能理解的方式讲授课程。此外，如果学生的睡眠不足，我们就要与他们以及他们的家长共同商讨，研究可行的解决方案。

难题11

你在学生面前大发脾气

棘手情境

你是否曾经屈服于自己的情绪，在学生面前大发雷霆呢？你是否在事后因为自己的失控而追悔莫及，并且认识到这样做毫无益处呢？曾经一位教师向我们分享了他的经历：

我素来是一个非常随和且温文有礼的人。我从来没有愤怒地大声讲过话。至少，在上周之前，我一直如此。当时，学生们都在叽叽喳喳地说话，而我则因为一些私人原因而感到十分不耐烦。我跟他们说了好几次要安静一点，不知不觉间，我就已经在对学生们大喊大叫了。我必须说，他们被我震住了。他们之前从来没有看过我这个样子，所以我的爆发绝对吸引了他们的注意力。我自己同样对自己的行为感到惊讶。但是我已经在大喊大叫了，所以我就一发不可收拾了。最后，我筋疲力尽，停止了喊叫。我因为自己的行为而感到尴尬，但我没有让其他人看出这一点。开始我还觉得自己的行为有情可原，我当时想："至少这样做有效果，而且这是他们应得的！"但事后回顾起来，我知道自己的行为并不合适，也并不符合教师的职业素养。我只是不知道自己接下来应该怎么做。我应该道歉吗，还是我应该忘掉这件事再也不提了？如果我承认自己做错了，是否会让自己显得很软弱？这又会不会让学生觉得自己做得没错呢？求助！

绝大多数教师，如果足够诚实，都会承认自己在职业生涯中至少有一次或者几次对学生大发雷霆。这一事实或许会让上述示例中的教师稍感宽慰。之所以大发脾气，通常都与"教师感觉到了什么"以及"教师是如何感觉的"有关。在某些情况下，学生是极度令人感到恼火的，学生能精准地知道哪些行为会惹我们生气。

你的大发脾气会传递给学生哪些信息呢？它将告诉学生，你无法掌控自己的情绪。而假设你连自己的情绪都掌控不了，那么你自然就无法对学生施加任何类型的掌控。它向学生表明，当一个人感到愤怒或者恼火时，大发雷霆也无可厚非。这是任何一名教师都绝不愿意传递给学生的信息。它还将告诉学生，他们对你拥有控制力，因为正是他们的行为导致了你的情绪爆发。你可能会很好奇地问："那教师究竟哪些情况下可以对学生大发雷霆呢？"答案是任何情况都不可以。任何与学生相关的事情，都应该以职业的姿态进行处理。

解决之道

以下是避免对学生大发雷霆的一些有效方法：

- 要暗下决心，不论自己如何愤怒、恼火，都不能大发雷霆。
- 当你感到自己因为学生而大动肝火时，要及时识别出自己的感觉。做几个深呼吸。你可以离开现场，假装自己要去处理另外一项公务，比如走到自己的办公桌前，翻几页文件。
- 提醒自己：如果你丧失了对自己的控制，也就丧失了对课堂的控制。
- "伪装"镇定。这是优秀教师的必备技能之一。他们在内心七上八下时，仍可在表面上维持镇定。他们知道如何在情绪激动、内心焦灼时仍然用平静、舒缓的语气讲话。
- 可以对学生说："你们的行为让我感到很愤怒，我需要一些时间来恢复情绪再跟你们说话。"告诉学生你因他们的行为而感到愤怒，这是无可厚非的。但是，别因为他们的行为大发雷霆。

以下是在对学生大发雷霆之后的一些有益做法：

- 迅速恢复镇静，力挽狂澜，及时纠正自己的行为。
- 切记：要在你足够镇静理智时，再对自己大发雷霆一事进行评述。但是，在评述之前不要拖延太多时间。

- 一定要道歉。这样做不会让你显得很软弱。相反，它会让你显得更加坚强——说明你是一个为了自己的行为而负责的人。
- 要解释你为什么大发雷霆，但是不能为你的行为进行辩解。
- 告诉学生你以后会使用哪种方式，以便更加合理地应对同样的情况。

关键要点

犯错误是人之常情。不要为过去的错误而耿耿于怀。但是必须意识到，对学生大发雷霆永远都是不合适的。作为一名教师，我们必须知道，自己一定会遭遇被学生激怒的情况。因此，应该事先制订计划，防止自己被情绪所奴役。记住，学生是非常宽宏大量的，即便你没有保持镇定，他们也能够接受你的道歉。当然，最好的情况还是教师永远不要在课堂上大发雷霆。

你感到学生太过懒惰

难题12

棘手情境

教授同一批学生的优秀教师和平庸教师对于两个问题的不同答案：

问题一：你是否认为某些学生过于懒惰？

平庸教师：当然，绝对是这样的。现在很多孩子都想让别人帮他们做好一切。他们不关心作业，也不关心考试分数。他们只是坐在那里，无所事事。他们在课堂上不学习，回到家中也不做作业。

优秀教师：我认为并不存在所谓的懒惰学生。噢，有些学生在某些情况下会表现出一些行为，让他们显得比较懒惰，但这只不过是他们告诉老师自己感到无聊的一种信号而已。也许是他们并不理解我所讲授的内容，也许是他们在课堂外遭遇了严重的难题，也许是其他原因。毕竟所有的学生都无一例外地想要获得成功。

问题二：如果某些学生出现了一些“懒惰”的行为，你将如何处理？

平庸教师：我会告诉他们要专心学习。如果他们不听话，我就会惩罚他们。如果他们还是不做功课，我就将他们请到校长办公室。实话实说，有时候我对他们就是“睁一只眼闭一只眼”。如果他们不想认真学习，我也无法强迫他们。这是他们自己的选择。

优秀教师：首要之务，就是要问自己，我应该做出哪些改变。如果有一名学生显得心不在焉，我就会迅速进行衡量，判断其他学生是否也有相同的感觉。如果答案是肯定的，那么其原因必然出自于课堂活动。如果只是个案，那么我就会和该学生单独进行交谈，探明背后原因。总是有原因存在的，我的任务就是要找出这个原因，并且据此设定解决方案。某些情况下，问题出自我的授课方式，某些情况下则不然。但我必须准确进行判断，才知道下一步应该怎么做。如果某个学生之所以感到无聊，是因为他已经完全掌握了我所教授的内容，那么我就要因材施教。如果课堂活动过于无聊，我就要增加课堂的趣味性和参与度。假如学生遭遇到了生活上的难题，我就要真心倾听，伸出援助之手。

解决之道

正如优秀教师所言，所谓的懒惰学生纯属子虚乌有，当然，肯定会有某些学生出现一些懒惰的行为。

当学生表现出“懒惰”行为时，教师可以尝试下列方法：

- 评估教学活动。是否趣味盎然并且引人入胜？其他学生的参与度是否较高？如果答案是否定的，就要改变教学活动。
- 思考学生的理解能力。教学内容是否超过了学生的水平？如果真是那样，你就要布置一些符合学生理解能力的功课。课堂材料是否在学生的理解能力水平之下？如果学生已经掌握了当前教学活动的内容，那么他就可能会感到无聊。如果真是那样，你就要为学生提供匹配其理解能力的教学活动。
- 询问学生：“是否一切都好？”有时候，仅仅提出这个问题就可以让学生重回正轨。学生偶尔都会做白日梦。还有一些情况下，学生的生活完全一团混乱，某些事情深深困扰着学生。如果真是那样，你则需要私底下与学生开展对话，尽力去追踪问题根源。

关键要点

提醒自己，所有的学生都希望获得成功。即使他们表现得比较懒散，也不要给他们贴上“懒惰”的标签，即便在内心深处也不要这样做，你会不由自主地按照懒惰者的标准去对待他。这样一来只会令学生的懒惰行为变本加厉。当学生表现得较为懒散时，要意识到外在行为只不过是一种症状而已，必须确定症状背后的原因，以便你能够恰如其分地处理和纠正学生的错误行为。

学生拒绝执行你的指令

棘手情境

当学生扰乱课堂秩序时，最好的解决方法就是让他离开教室，并与他单独进行交谈。通常情况下，把学生叫到走廊进行一对一的交谈是非常简单有效的方法。但是如果你让他离开教室他却拒不服从又该怎么办呢？一位教师曾经跟我们分享了如下经历。

我的班上有一名学生扰乱了课堂秩序。这个学生总是妨碍正常的教学活动。我知道，自己最好和他单独谈一谈，所以我让他跟我到走廊来。他却回答道："我哪里都不去！"我又一次让他到走廊来，两个人单独谈话，他再一次拒绝了。在全班学生面前，他对我十分不敬。我威胁说要将他请至校长办公室，他说自己毫不在乎。最后，我们两个人互相大喊大叫，但是这场比赛中没有赢家。我不得不打电话叫来办公室另外一名工作人员，将这名学生请出了我的课堂，给我自己留下一些脸面。

我意识到自己对这件事情处理得很不得力，但不知道具体是哪里做得欠妥。我知道我需要跟他单独谈一谈，但他拒绝，而我则大发雷霆，这并非我的本意。

事实上，这种情景出现的频率很高。

解决之道

如果你需要跟学生单独谈话，你应该怎么做呢？首先，让我们探讨一下你必须避免的做法。无论如何，都要避免任何形式的"权力"争夺。在"权力"争夺战中，你和学生注定没有胜者，也无法达成任何有益的结果。权力的争夺会让学生变得戒心十足或者愤怒异常，这种状态下，教师根本不适合与学生进行交谈。当一个人过于情绪化以至于失去了理智时，对其进行劝说无异于浪费时间。而且，如果你成为权力斗争的一部分，那么你也会处于十分情绪化的状态，此时逻辑和理智皆与你无缘。

那么你应该怎么做呢？试一下这样做：只要学生开始扰乱课堂秩序，就给他派遣一个小差事。是的，小差事。为什么是小差事呢？因为学生喜欢去处理小差事，而且小差事能够让他们离开扰乱课堂秩序的情境。假装你并没有注意到他扰乱课堂秩序的行为，冷静地让他给走廊对面的教师送点东西。当他回来时，你要在门口守候，冷静而理智地与他就扰乱课堂一事进行交谈。是的，你对他要了一个小“花招”，但他完全一无所知。你让他走到了走廊中，只有在那里，你才能够单独与他进行交谈。大功告成。这一技巧对于小学一年级学生和高三年级学生同样适用。这样做还有一点好处，那就是学生的心态相对于在课堂之中会更加积极。同时，让他去取东西的这几分钟时间内，教师也可以整理自己的思绪，让自己努力恢复平静。

关键要点

以下是处理学生扰乱课堂秩序时的一些关键要点：

- 避免与学生产生任何形式的权力争夺，因为没有任何人会胜出。
- 一旦你能够单独与学生就扰乱课堂的行为进行交流，无论学生的反应如何，你都要保持镇定。
- 与学生探讨是否存在其他的行为方式——更加积极的行为方式。
- 永远“对事”，从不“对人”。
- 应该以积极的语句结束对话，表达出你对学生能够遵章守纪的信心。

学生没有带齐学习用品

棘手情境

新的学年开始了。你将必要的学习用品单寄到了学生的家中。绝大多数学生返校后都能够按照要求带齐用品。有一些学生则没有做到这一点。有些学生前一两周还能够带上学习用品，之后他们就会将自己的学习用品落在其他教室里，或者成为狗狗的玩具，又或者流落到其他奇怪的地方。假如学生因为自己不带学习用品而找借口，每找一个借口，教师就可以收到一便士的话，那么教师早就是百万富翁了！有些学生总是能够带齐学习用品，有些只有大多数情况下能带齐，还有一些从来不带学习用品。某些学生的家庭无钱购置学习用品。有些家庭虽然生活富足，却对此不以为意。

一位演讲者准备对一大批教师（涵盖了学前班到高三年级的教师）进行演讲。他让学校的行政人员向每一位与会教师发放一份“学习用品清单”，要求每个人参加研修时须准备一支铅笔、一支钢笔还有活页纸，显然这三种物品教师都很容易获取。读者能够猜测到发生了什么吗？在与会的1700名教师中，只有一半带齐了所有文具。只有一半！其他人只得交头接耳地去“借”别人的文具。这整件事中，金钱显然不会成为问题。教师们都承认，他们的确收到了文具清单，他们只是忘记携带了而已。这种情况难免会出现。

那么，你是否会因为一句“这种情况难免会出现”，就不再要求学生携带文具呢？当然不行。要求并且期待学生将文具带到课堂上是完全可以被接受的行为。但是，别在学生忘记携带学习用品时小题大做，否则你只会让自己情绪受挫，最后还是无法彻底解决这一问题。我们一定要以大局为重，忘记携带文具这件小事实在不值得兴师动众。

解决之道

以下是几名教师针对学习用品问题所发表的观点：

“每年我都会同本地的商家合作，让他们为学生提供学习文具。我发现，每年都有不止一家商业机构十分乐于为我提供基本的学习用品。作为回报，我会在学校校报上公开感谢这些商家，同时会在班级张贴海报，感谢商家对于学生的支持。我这样做已经有好几年了，找到愿意合作的商家从来都不是什么难事。有些商家希望通过提供铅笔来推销其产品。我完全不介意！我还承诺会尽可能多地光顾其店铺，同时也鼓励学生这样做。”

“我会购置价格便宜的学习用品。我总是会在手头备点文具，以免学生中途要借文具而影响教学效果。有些学生来学校时没有将文具准备好。他们就是这样。我事先就料到这种情况了，因此我必须准备好。如果学生没有带纸，但恰好我们需要学生写一篇文章，我仍然希望该学生完成他的功课。否则，他就会干坐在那里，无所事事。我的课堂里不允许有这种情况出现。”

“我有一个百宝箱，里面装的是各种各样的有趣配件和学习用品。学生可以按照规则赢取积分券，再用这些积分券来购买百宝箱里的物品。假如学生来教室时没有携带学习用品，他也可以使用积分券购买百宝箱中的学习用品。他们都不希望将积分券浪费在纸张和铅笔上，因为宝物箱里的其他物品更加具有吸引力。所以，这样就可以帮助他们记住自己需要携带学习用品。”

“我们有一间文具室，为全校师生提供常用学习用品。三家本地的商铺提供了全部库存。教师随时都可以去自取任何学习用品。我们仍然会要求学生自己携带必要的学习用具，但同时我们也非常现实地认识到，并非每个人都能够听从指令。因此我们设置了备选方案——文具室。效果非常棒！”

“我只是跟保管员成为好朋友，请他将所有找到的铅笔、钢笔等文具交给我而已。”

关键要点

只要争取到本地商铺或者团体的相助，你基本上可以为学生争取到额外的学习用品，而且不需要花费自己的金钱。同时，要毫不迟疑地向学生发放学生用品清单（除非学校不允许）。必须事先就认识到，学生会因为种种原因而无法携带所有必需的文具。你尽可以为其感到焦虑并且纠结不止，但这样做完全无济于事。最明智的做法就是提前设置好备选计划，方才有备无患。

你偏爱某些学生，讨厌某些学生

棘手情境

每一年，你都会教一个或者多个班级。每一年，在这些班级的学生中，相同类型的人格特征会反复出现。有一些学生是“讨喜者”，他们为了讨好你愿意做任何事情。他们努力学习，对教师的要求来者不拒。这一点当然与他们的能力或者成绩水平毫无关系。有一些讨喜者每个科目都能得到“A”，还有一些讨喜者则连及格都成问题。接下来，班上的中间组学生姑且称之为“中立者”，他们通常表现良好，很友好而且听话，也通常会完成自己的功课，但是无法一如既往。为了确保他们按照教师的指示行事，你必须时刻监督他们。再强调一次，每组学生内部，能力和成绩水平都有高有低。最后，班级中还有一组学生，他们将最大限度地考验你的耐心，姑且称之为“讨厌者”。他们目无纪律，叛逆不羁，鬼鬼祟祟，而且完全蔑视师长。他们根本不会履行学生的职责。他们十分狡猾，你背对他们的时候都会觉得忐忑不安。就是这一组学生，会发出奇怪的噪声，做出丑陋的手势，开不得体的玩笑，等等。这组学生中，大部分人的智商都较高，创造力较强，而且的确拥有一些优良的品质。尽管如此，那些优良的品质却被他们令人厌恶的行为所掩蔽。他们很多人都是学生的“领导者”，教师却不希望其他孩子遵循他们的轨迹。

毋庸置疑，对学生进行上述分类太过简单化，但是任何教师都可轻松地理解这种分组方式。哪一组学生最讨人喜欢呢？答案当然是讨喜者。有谁不喜欢乖巧听话、彬彬有礼的学生呢？这些学生更加容易教导，也更加容易受到教师的喜爱。不过，你会对所有的讨喜者都一视同仁吗？答案显然是否定的。在每一个学生组中，还存在着特例呢！

当然，中立者同样也比较容易受到教师的青睐。虽然教师必须时不时地监督他们的行为举止，但他们大部分情况下都是比较听话的。坦率地讲，所有教师都会表示：讨厌者不是非常招人喜欢。即使不使用上述标准进行分组，我们也必须承认：不论出于什么原因，某些学生就是要比其他学生更加受到教师的喜欢；或者是由于某些学生的个性问题，有些学生就是不招教师喜欢。没有哪名教师能对全部学生一视同仁。这就是事实。不过这一事实却永远不能让学生知晓！

优秀的教师会“假装”自己对所有学生一视同仁。在他的班级中，没有哪名学生会感到自己被忽视，因为全体学生都认为自己是老师最喜欢的孩子。这中间隐匿的秘密十分耐人寻味。在优秀教师的班级中，所有孩子都坚信教师发自内心地喜欢他们、尊重他们并且关心他们。正因如此，讨厌者在优秀教师的课堂上才相对更加守规矩。事实上，在某些情况下，在优秀教师的课堂上，很难分辨出哪名学生属于哪一组，这是非常积极的一种状态。

解决之道

首先，要坦诚地面对自己。事实上，在教学过程中，你对某些学生的喜爱会稍稍超过其他学生，这是无可厚非的，毕竟你也是一个人。再次强调，你绝不应该让学生看出你对某些学生的感情超过其他学生。倘若讨厌者发现你对其他学生的喜爱超过了他，那么他就很可能表现得更加令人讨厌。而且，你表现得越厌恶他，他就会表现得更加讨人厌烦。这是一种恶性循环。

你能否对讨厌的行为视而不见呢？虽然对有些讨厌行为可以睁一只眼闭一只眼，但对某些行为必须较真。一旦学生表现出一些不可容忍的言行，你就必须对其进行处理。但是在处理的过程中，要传递出一种信息：“我喜欢你，但是你的行为不可接受。你必须为自己的行为承担相应的后果。”要冷静且专业地处理学生的问题，处理完之后就要学会释怀。不要认为学生的行为是针对自己的。教师一旦让情绪掌控自己，就会陷入麻烦之中，这无异于昭告全班：学生能够控制老师的情绪。

很多人没有意识到：可以使用一些灵活微妙又聪明有效的方式去管理讨厌者。具体如下所示：

- 通过单独谈话，判断该学生为何会出现不得体的言行。表达出你的关爱以及乐于伸出援手的热忱。与他沟通时你必须冷静而理智。
- 要表现得就像你知道“学生本来不希望这样做”一样，尤其是在他的同龄人面前更应如此。要让他知道，你非常愿意帮助他纠正自己的言行。
- 告诉他你喜欢他——你非常喜欢他。正因为你很喜欢他，你才乐于帮助他学会如何成为一名更加负责、言行更加得体的人。
- 当学生的表现较为得体时，要发自内心地去赞扬他。这样会大幅减少学生不得体行为出现的频率。
- 必须有耐心，同时提醒自己，一旦讨厌者出现了令人厌恶的言行，你也不可以表现出挫败感和愤怒之情。
- 每一天都要特意做一些事情，将每一名学生都当作自己的最爱。这听起来十分简单，但其实不然。不过，这一点却是必不可少的。

关键要点

- 在内心深处判定自己最不喜欢哪名学生。
- 从今天开始，找出赞扬他们的方式，让他们为你做一些小事，同时使用你的善良和关爱赢得他们的心。
- 如果学生的某一行为并不是很严重，那么你就可以选择忽视，睁一只眼闭一只眼即可。如果行为不可以轻易忽视，那么你就要专业而冷静地对其进行处理。

- 要一如既往地让学生感到你关心他们而不是对他们感到无可奈何。
- 使用多种多样的方法让每一名学生相信他就是你的最爱。要做到这一点并不困难。只要你表现出对某一名学生的关心，并且公正而友善地对待他，他就会认为自己是你的最爱。

学生很容易大吵大闹

棘手情境

某些孩子知道，只要自己大发脾气，最终就会得偿所愿（切记：没有谁会重复那些没有获得奖赏的行为）。我们都曾经在超市中见过这种场景，不是吗？那些在商场中大发脾气的小孩子，最终也会成为我们课堂上的学生。

通常，大发脾气的学生主要包括两种类型：（一）在情绪或者行为层面上存在缺陷的学生；（二）在某些情况下难以得体地表达情绪的学生。

对于第一种类型的学生——被诊断为“行为异常”的孩子——应该已经存在既定的应对方案了。在本章节中，我们主要探讨第二种类型的学生：那些难以得体地表达情绪的孩子。

以下是容易大发雷霆的孩子的常见行为：

- 孩子的反应不符合事件的严重程度。
- 大闹脾气，又哭又叫。
- 激烈攻击其他人，包括同学和教师。
- 口吐污言秽语。
- 乱扔物品。
- 捶打桌子。
- 威胁要伤害他人。
- 破坏自己的物品或者他人的物品。
- 愤怒地拒绝上课时做功课。

所有的教师都会遭遇到上述情形。而且所有的教师都希望尽己所能处理好这种局面——既为了当事学生，也为了班里的其他学生。

解决之道

为了防止学生在课堂上大吵大闹，教师应采取以下行动：

- 不要对学生大发脾气。这会让本来就不稳定的局面雪上加霜。与学生争吵就像是和小猪在泥地里摔跤。双方都会浑身污泥，但只有小猪乐在其中！

- 不要与愤怒的学生理论。永远不会有什么结果的。要给他一点时间和空间恢复镇静。

- 不要心急火燎地立即处理眼前的情境。首要之务仍然是给学生一点时间，让对方冷静下来。

- 不要与愤怒的学生争吵，即便语音较为冷静也不可如此。

- 不要碰触愤怒的学生。

采取下列措施，可以快速安抚愤怒的学生：

- 无论内心感受如何，教师外表上都要保持冷静。这样做可以有效安抚学生。

- 在事态一发不可收拾之前，就要发现早期的警示信号并且将问题解决。

- 对学生说一些安慰的话语。譬如，你可以说："我知道你很低落，所以深呼吸一下，在你冷静之后，我们再谈一谈。"

- 在某些情况下，最好避免和学生产生正面冲突。如果你发现该学生已经筋疲力尽，也要对其听之任之。在他筋疲力尽之后，你会更容易安抚他。

注意：如果有学生威胁到了其他人的安全，那么你的首要之务就是要确保其他人的安全。倘若你无法独自一人应付局面，就应寻求他人的帮助。

在学生冷静下来之后，请尝试以下做法：

- 就之前发生的事情与学生进行交谈，尽力去挖掘背后的原因。如有可能，应该独自处理该情况。如果同一行为反复出现，则必须与校园管理层进行沟通，讨论是否应该寻求家长、学校心理教师或者其他人的帮助。
- 与学生讨论他如何才能够使自己的言行更加得体。如果他自己没有什么想法，则教师应该给他提供尽可能多的选项，供其选择。
- 对学生的大喊大叫进行惩罚也不是不可以。如果你决定要惩罚吵闹的学生，那么一定要冷静地加以实施。
- 让学生事先知道，如果自己再次犯下同样的错误，将承担哪些后果。反复告诉学生，当面对愤怒的感觉时，哪些行为比较得体。
- 几天之后，再次与学生进行交谈，询问他的近况如何，并且再次解释如何以恰当的方式应对愤怒的感觉。在这种情境下，角色扮演可以发挥较好的效果。为学生提供一些情景，然后与学生探讨应对该情境的哪些方法比较合适、哪些不合适。

关键要点

无论何时何地，一旦学生因为愤怒而大吵大闹，教师的第一反应就非常重要，或者令事态平息，或者火上浇油。切记，你必须表现得足够冷静，并且必须等待学生完全冷静下来之后再着手处理问题。如果其他人可能会受到安全威胁，那么教师理所当然地要迅速做出反应。

大吵大闹的背后总是有原因存在的，但是不论原因是什么，这种行为都是不可接受的。要确保学生认识到“吵闹行为是不可接受的”以及“为什么是不可接受的”。不要预设他已经了解了这一点。

如果某一学生的问题长期存在，则教师要同时寻求家长、学校行政人员、社会工作人员、心理学家以及咨询师的帮助。制订计划，明确将来应如何处理类似的问题。如果学生存在暴力倾向，则事先计划好如何快速而高效地杜绝学生的暴力行为。对待上述情况，必须做到未雨绸缪，但是绝大多数情境都可以由教师在教室中及时而有效地进行处理。

我得出了一个令自己诚惶诚恐的结论——我才是课堂当中的决定性因素。正是我每天的情绪，奠定了课堂气氛基调。作为教师，我拥有无可比拟的权力，能够令学生的生活变得灰暗或者欢乐。我既可能成为学生讨厌的折磨人的老师，也有机会成为让学生喜欢的导师。我能够羞辱学生，也能够治愈学生。在所有的情境下，我的回应方式，能够决定事态是进一步恶化还是有所好转，也能够决定学生是受到教化还是丧失品性。

——海姆·G. 吉诺特

学生积极性不高，导致你的积极性也不高

棘手情境

初次执教的那一年，你是否干劲十足？你现在是否仍然雄心勃勃？随着职业生涯的推进，你对教学事业的热情是与日俱增还是直线下降呢？一位高中教师约翰与我们分享了他的经历：

我的的确确已经陷入到了教学工作的低谷。我的工作表现不亚于“懒孩子”的行为模式，基本上属于已经完全放弃的状态了。噢，从事务层面上而言，我仍然还在从事自己的工作，不过，我对教学工作所倾注的心血愈加稀少，正如我的学生对待自己的功课一样。当然，这一切的出现都是日积月累的结果。所以，说实话，当我意识到自己如今的状态时，我追悔莫及。一天，我遇到了以前教过的学生，这次偶遇才让之前那位充满热情、喜好玩乐、效率极高的我再次焕发生机。当时我正在一家五金店中，突然有人叫我：“约翰老师，是您吗？”说话的人是莫妮卡，我很多年前教过的一名学生。“您是我最喜欢的老师，我还记得，那时候您总是……”接着他就绘声绘色地讲述了我在课堂上开展的活动、我做过的那些稀奇古怪的事情以及我曾经讲过的那些老掉牙的笑话等。他说道：“您是我见过的最和蔼可亲、最幽默风趣的老师。您让学习变成了一件十分有趣的事儿。所有的人都想去您的班级上课。”无须赘言，那一晚，我彻夜难眠。他的话让我诚惶诚恐，同时又念念不忘。他所说的，是一个有血有肉的人——那是曾经的我。以前的我究竟去哪里了呢？我知道，如今我的学生肯定不会认为我是一名有趣、积极或者和善的教师。我知道，现在并不是每一名学生都想进我的班级读书。事实上，我心知肚明，现在我的绝大多数学生都

很厌恶我讲的课。

我没有自暴自弃，我又开始按照自己刚刚成为教师时所接受的教诲开展工作——我曾经也是这样教导学生的——从错误中吸取教训，放下过去，继续前进！我下定决心，要重新燃起自己对于教学工作的热情。我立志从第二天开始成为一个全新的人——比过去更优秀的自己。我到学校上班，对每一个人面露微笑。必须承认，我的学生对此感到十分震惊。而且我敢保证，至少每一个人都注意到了我的改变！我假装自己是世界上最幸福的人，我还表现得就像自己所教授的东西不啻为学生所学过的最有趣的知识一样。我这样坚持了一天，然后是一周，之后持续了一学年。自那之后，我也一向如此。你猜怎么着？我再也不抱怨自己的学生缺乏学习动力了，因为我会努力工作，让他们保持昂扬向上的学习劲头。即便偶尔情绪不高，我也会假装自己兴高采烈。简而言之，我又成为学校最受欢迎的教师了——比之前更受欢迎！学生们每天都迫不及待地冲进我的课堂，我则竭尽全力不让他们失望而返。当教师的态度昂扬向上时，学生的态度也会变得更加积极主动。我自己活生生的经历就说明了这一点！

解决之道

这个示例听起来是否似曾相识呢？你是否发现自己失去了对教学工作的热情呢？幸亏约翰偶遇了自己曾经教导过的学生，他才意识到真正失去热情和“心中火焰”的是他自己。须知，如果自己内心中的火焰熄灭，那么学生心中的火焰也将注定熄灭。你自己本人首先就要保持较高的积极性，或者至少你要装作自己的积极性较高。诚如古人所说：“抱怨自己筋疲力尽的人，从一开始就未曾神采奕奕过！”

那么，你应该如何点燃自己内心的火焰呢？你应该如何重拾对教学工作的激情呢？

- 首先，你必须正视自己缺乏激情的现状，然后，下定决心做出改变。不要让自己扮演受害者的角色。切记：我们都是自愿从事这一职业的。没有谁强迫我们来当教师。我们之所以选择这个职业，就是为了改变世界。

- 学习约翰的做法。下定决心，在与学生打交道时要更加积极、更加富有热情。即使无法真心实意如此，也要假装。假装自己所教授的知识都是你最乐于传授给学生的精华。

- 与积极向上的同事为伍。每天都让自己环绕在热情当中。相信我，你一定会受益匪浅的，因为热情具有传导性！

- 避免与消极的同事为伍。他们将令身边的人变得同样消极。

- 利用社交媒体与其他积极向上的教育者相互联系、相互鼓励。

- 准备一份能够激励自己的励志语录，在自己最需要的时候加以阅读。

- 改变房间内的布置。让一切明亮起来。

- 从学生那里去寻找"究竟哪些东西最能够激励他们"以及"他们如何才能够爱上学习"。之后将其与自身所学结合起来，并迅速应用到教学工作中。仅仅是你向他们征求意见建议的这一过程，就可以让他们认识到你很关注他们，并且正在努力让学习过程变得更加有趣、更加具有意义。

- 要确保你的学生知道你非常看重他们个人的价值，同时，要努力找出他们在生活中最看重什么。那些感到自己被教师所看重的学生，其积极性要显著高于其他学生。

- 为学生设立较高但是合理的期待水准，然后协助他们达到这些期待水准。成功是最好的激励。不成功的学生很难被自己的失败所激励。如果一项任务根本"完不成"，那么着手大干一场的动力又在哪里呢？

- 在某些教学活动中引入少许比较友好的竞争活动。再强调一次，教学活动既要富有挑战性，又要具备可行性。
- 谋划一些趣味盎然、富有意义并且引人入胜的教学活动。
- 允许学生与搭档合作或者以小组形式进行合作。
- 成为学生最狂热的观众。

关键要点

须注意，一旦你的热情感染了你的学生，他们的热情反过来也将感染你。这是一种良性循环。其对立面——缺乏积极性——则属于恶性循环。要打破它。

一旦学生感到自己获得了成功，他们就会更加积极向上。知道自己激励了学生这一事实将有助于你自己变得更加积极向上。但是你必须用自己一如既往的对学生的信念以及改变世界的热情去确保学生持续保持积极向上的状态。

PART 2

Challenges with Adults

成年人带来的挑战

同事消极悲观

棘手情境

每一所学校都有消极的同事，他们总是用自己无所不在的消极情绪不断地影响你。在他们的脑海中，他们是家长、学生、学校行政人员、教育政策以及生活的受害者。不用与他们会面，你就能够料到他们的身体语言必然十分消极，说出的话更是有过之而无不及。你对这样的会面十分厌恶，但是和他们的接触是不可避免的。和他们在走廊、会议室或者休息室碰面时，他们就会活生生出现在你的眼前，焦躁地向你的耳朵中灌输消极的思想或者向你发泄他们的冲天怨气。你会发现，自己宁愿绕远路去课堂、去办公室或者去餐厅，也不愿意与他们碰面。在组建各类委员会时，你会在心中暗暗祈祷，希望他们不要与你同组。有时候你会刻意躲避这些消极的同事。但他们总是能够找到你，不是吗？在他们找到你之后，你不知道自己应该做什么或者说什么。会面结束的时候，你心力交瘁。他们的确能够对你产生消极的影响。

你不希望自己成为一个消极的人，也不喜欢与那些能够在情绪上消耗你的人为伍。你本是一名积极向上、爱岗敬业的教师。在某些情况下，你甚至很容易被这些“否定论者”所侵蚀。千万不要这样做。任何教学工作，掺杂进消极性之后，都不会有任何益处。学生每一天都应该与积极向上的教师在一起。你非常了解这一点，而且你也下定决心要保持自己积极向上的姿态。但是具体应该如何实现呢？

解决之道

以下是有效应对消极同事的一些简单方法：

- 当消极的同事接近你时，说话之前就要面露微笑。要多加小心，不要模仿他们消极的身体语言或者说话腔调。消极之人非常不喜欢与愉悦乐观、积极向上的人接触。

- 与消极的同事接触时要心怀同情、予以关切。当他发出抱怨时，你可以说："发生了这样的事，我感到非常难过。有没有什么我能做的？"你并没有同意他的观点。你只是在表达自己的关切之情。这样做通常都会降低对方的消极程度。

- 切记，不要将消极同事的行为与自己直接关联起来。他们并不是只和你在一起时或者只因为你做的事才如此消极。他们对每一个人都如此。

- 不要"火上浇油"。否则你就成为助纣为虐的人了。消极的人就像是一团火，想要不断燃烧，必须有燃料供应。拿走燃料，火势自然也就熄灭了。这些消极之人一直在他人的帮助下助燃自己的火焰。不要成为"他人"中的一员。

- 当你与消极之人谈话时，要有意识地让对话更加"阳光"。假如你比较熟悉这位消极的同事，那么你十有八九已经知道让他争论不休的话题包括哪些了。所以，对话时须尽量绕开这些话题。

- 倘若消极的同事跟你讲述了他所遭遇的难题，而你恰巧知道可能的解决方式是什么，那么你应该询问："你是否介意我向你推荐一个可行的解决方案呢？"

- 彻底改变谈话主题。

- 无论何时，都要避免与消极之人为伍。召开教师会议时你或许还无法选择自己的座位，但是中午与谁共餐则完全在你的掌控之中。

- 与消极的同事在一起时，一定要说学生、家长以及学校的好话。

- 赞扬消极的同事。你可以说："今天气色真不错啊。"或者还可以说："真开心你也参加了这个委员会，棘手的问题很多，就靠你想出一些有效的解决方法了。"

- 寻求其他积极向上的同事的帮助，共同约定大家在消极同事面前要保持昂扬的精神。这样做其实很有意思。你绝对会让他们大吃一惊的！

关键要点

与消极的同事在一起时，不论你自己的情绪多么低落，你都要十分和善并且展现出积极向上的姿态。这会让他们感到不适，因为消极的人只喜欢同类。他们马上会将你看成一个死胡同，然后转而去寻求其他人的安慰。倘若任由消极之人喋喋不休地抱怨，他们对工作环境的毒害将是致命的。前文所提到的简单策略可以有效地遏阻消极悲观之气。最为重要的是，要与积极向上之人打交道，并且使用你们昂扬的姿态让消极的同事也变得积极乐观起来。

家长对孩子的学习不够重视

难
题
19

棘手情境

我们总是听说（或者自己也会说）：有些家长看起来并不关心自己的孩子。他们并不会参与到对孩子的教育过程当中，他们不会主动担当学校的义工，他们不会按照要求回复需要自己签名的信件，他们甚至不会接听校方的电话。

你是否曾经默默期许学生家长更加主动地参与到对孩子的教育中来呢？你又是否曾经对学生家长的不配合感到失望呢？如果你有过这样的困惑，请仔细想想为什么家长不愿意主动参与学校教育的真正原因。

尽管有些家长的确并没有如我们所愿积极主动地参与教育，但是指控其对孩子漠不关心是不公平的。绝大多数家长都很关注孩子。他们都希望自己的孩子获得成功。那么，为什么很多家长又会竭力避免与学校接触呢？

有些家长对于教师和学校行政人员感到比较害怕。多年以来，他们从学校那里得到的都是关于自己孩子的负面信息，所以他们才开始避免与学校进行接触。他们顾左右而言他，希望所有的问题都烟消云散。还有一些家长之所以不愿意接触学校，是因为他们自己年少上学时的记忆并不美妙。理解了这一点，才是与家长构建良性关系的第一步。

解决之道

某些教师在与家长进行沟通方面获得了极大的成功。以下就是他们的秘诀：

- 学年伊始，向家长发送一封欢迎信或者电子邮件，简单地介绍自己以及自己所教授的课程内容。感谢他们赋予你教导他们孩子的机会。

- 每天给一位家长发送至少一条简短信息（最多两句话），告知其孩子在学校的优异表现。要确保每一名学生的家长每隔几周都能够收到上述信息。做这件事情每天只会花费你一分钟的时间，却绝对物超所值。家长在习惯于收到自己孩子的表扬信息之后，当孩子在学校出现问题时，将更加乐于同教师合作。
- 偶尔向家长发送班级信件或者群发电子邮件，讲述本班最近发生了哪些激动人心的事。
- 偶尔给家长打电话，表扬其孩子。如果家长不接电话，你可以语音留言："我为崔西感到骄傲，他的作业完成得很棒，我打电话就是为了和您分享这个好消息。"
- 要求学生给家长撰写简短的信息。譬如，你可以让克雷格撰写一条信息，告诉父母他最近在计算机课堂上的表现很好。他负责撰写信息，你在下面签名即可。这些信息总会传递到家长的手上。
- 建立一个班级网站或者社交媒体账号，供家长访问。在这个网站上，发布班级最近所发生的积极向上的事件。你还可以发布作业内容、功课截止日期、学生学习的照片等。
- 当你需要就学生出现的问题与家长进行磋商时，务必在对话的首尾阶段营造出积极的氛围。告诉家长你从他的孩子身上所发现并且珍视的优良品质。赞赏家长积极配合学校教育的行为。即使家长愤怒异常或者戒心较强，也不要被他们影响。始终要保持冷静且职业的态度，告诉家长你希望与他合作，为了孩子将来更加出色而共同努力。

关键要点

毋庸置疑，家长不积极参与到孩子的教育中来，必然存在背后的原因。或许这听起来让人难以置信，但是有些家长从你这接收到的无一例外是关于孩子的消极信息。试想一下，整天被消极信息影响的家长，哪还有信心主动地和你探讨关于孩子的教育问题。因此，在与家长进行接触时，首先应该释放出积极的沟通信息，仅此一点即可有效提升家长在自己孩子出现问题时与你精诚合作的概率。

前文所提供的方法是否能够使所有的家长都与教师进行合作呢？答案是否定的。但是，你将发现，只要使用了上述方法，那么很多之前被认定为对孩子漠不关心或者对与教师合作毫不情愿的家长，将很快出现行为上的积极转变。

一位初三英语教师曾经分享了自己的如下感悟：

我每年都要与学生家长建立起积极的沟通桥梁。很多年前我就发现，只要你能够说服家长，证明自己是一位“伙伴”而非“威胁”，并且你很关心他的孩子，那么他就会竭尽所能地去帮助你。同事或许会抱怨某些家长不愿意与教师沟通。但那是因为同事只在学生出现问题时才跟家长联系。我与同样一批家长打交道，却能够获得他们的全力合作。我成功的秘诀就在于我会时不时地对他们夸赞他们的孩子，而不仅仅在孩子出现问题时才找他们！

你与上级意见不一

棘手情境

詹妮是一位无比优秀的教师。她的朋友拉斯则在教师岗位上连遭挫折。拉斯的所作所为某些时候可谓很不专业，他只要脑海中出现什么想法，就马上脱口而出，丝毫不理会该做法是否明智。他们两个人的教室就在走廊正对面。两人共同构思出了一套教学思路。为了提升学生的学习动力，他们设计了一套奖赏程序。他们计划为在某一学习阶段刻苦努力或者获得进步的学生举办聚会。具体而言，假如一名学生学习更加刻苦努力（按照两人所制定的指导方针进行衡量），并且与上一次考试相比至少有一个科目的成绩上升了一个等级，那么他就会被邀请参加聚会。对于那些已经取得优异成绩的学生而言，则必须保持平均水平，并且更加刻苦努力，积极参加班级各项活动。

詹妮和拉斯共同拜访校长，介绍两人的工作思路。校长当即表示，他不会允许两人这样做。他认为，学校目前的“玩耍时间、奖励时间和聚会”已经够多了。他希望减少类似的活动，而不是增多。听到校长的决定之后，拉斯怒不可遏。他对校长进行了猛烈抨击，完全就是在谴责校长的判断是完全错误的，他认为校长从不允许教师推陈出新，而且显然并不在乎自己班级的学生。他带着义愤填膺的怒气，在校长办公室大发雷霆。一向保持专业姿态的詹妮，则因为拉斯的行为而倍感尴尬。她说道：“对于这一切我感到非常遗憾。不过您是否介意我阐述一下这套新工作方法背后的理念呢？”校长素来对詹妮尊重有加，因此在拉斯离开办公室之后，他开始与詹妮继续交谈。詹妮解释道，她之所以想要实践这个理念，就是为了试验该方法是否存在合理之处。她还阐述道，她感觉自己设计的这套计划所设定的目标，是所有学生都有能力达到的。她还说，聚会只会持续一个小时而已。倘若这一个小时能够换来学生全力以赴地学习，那么这一小时是值得我们去付出的。“我们能不能试行一下这个计划，只需一个学习阶段就可以了？如果获得聚会资格的学生没有过半，那么我们就终止这个计划。下一学习阶段就不再施行。”

校长最终同意了试行该激励计划，为期一个学习阶段。如果计划有效，就继续施行。如果无效，就马上终止。结果，激励计划的效果很好。詹妮的班级中，超过三分之二的学生参加了聚会。校长对此结果大感振奋。激励项目因此持续至今，而且范围扩展到了学校全体学生。

需要着重指出，詹妮和拉斯的目的是完全相同的。刚听到激励项目的理念时，校长对其是并不认同的。虽然校长说明了自己的理由，但拉斯以并不职业的方式进行了回应。而詹妮则请求解释自己的逻辑依据。校长在对计划了解更多并且理解更为深入之后，才愿意放手让詹妮去试行。不过，即使校长并未允许詹妮进行实验，拉斯的行为也仍然是不正确的。

解决之道

如果你发现自己与上级的观点并不一致，请尝试以下方法：

- 思考双方为什么意见不一。在某些情况下，你将意识到，上级的观点是正确的。倘若如此，则需告知上级你认识到了他的正确之处。这才是职业的做法。

- 假如你确信上级针对某事的观点存在谬误，则应抽出时间与其进行会面，并且职业地陈述自己的观点，不可咄咄逼人。即便上级看待事物的方式与你并不一致，你仍然尽到了自己的本分，采取了职业的行动。你无须一味委曲求全。这就是现实。

- 永远不要对同事讲领导的坏话。坏话最终都会传到领导的耳朵里。即便领导不知道你说他坏话，这样做也会让你显得为人刻薄、不够专业。

- 与领导交谈时不要一味地表达自己的反对立场。相反，要使用推理、数据以及针对某一问题的解决方案陈述自己的观点。
- 如果与上级交谈之后对方仍然不改变心意，那么只需求同存异，让过去的事过去。没有必要一定分出孰对孰错。在某些情况下，大家只不过是对同一事件意见不一而已。
- 不要对上级心怀积怨。心怀积怨必将让人际关系恶化。

关键要点

与上级意见不一致，这是无可厚非的。没有哪名教师会在所有决策意见上都与领导保持一致。但是真正的专业人士即便在意见相左的情况下，也仍然会保持职业的姿态。当你与上级意见不一时，不要将此情况告诉给每一名同事。相反，要直接找到领导，开展一次冷静而职业的谈话。这样做虽然未必会让自己取得理想的结果，却能让你因为有能力成熟且负责地处理冲突而赢得他人对自己的尊重。

你希望融入到学校大集体之中

棘手情境

肯德拉是一位新入职的教师。他对自己的新工作感到十分激动，同时也迫不及待地想要了解新同事。他认为自己的性格非常随和，融入到同事之中应当不成问题。很快，同事们就会成为他新的家人——“工作家人”。

到了入职后第一周的周末，他已经跟每一位同事都会面过了。有些人是他主动去接触的，还有一些是主动接触他的。但是肯德拉观察到了一个明显的事实：并不是每一名同事都能和其他人和谐共处。同事们实际上分成了三组。有一组人积极、向上，并且充满热情。他们会热情地欢迎肯德拉，而且尽己所能地去帮助他。他们还说自己非常渴望了解肯德拉，向肯德拉学习。第二组教师既不积极也不消极。他们对工作中的任何事务都不那么上心。他们看起来足够和善，却总是显示出某种程度的漠不关心。第三组人则非常热衷于说服肯德拉，向他大谈特谈学生、家长、管理层以及整体教学工作中所存在的谬误。看起来，他们非常渴望将肯德拉置于己方的保护伞之下。

很可悲的是，肯德拉所面临的情况在我们的现实工作环境中司空见惯。而且通常情况下，一心想要“融入”集体的新教师很容易交友不慎，误入歧途。不仅如此，这样的两难情境绝不仅限于新教师。

解决之道

无论是新教师还是“老”教师，以下这些提示都可以帮助你尽可能快地融入集体，并交到积极乐观的朋友：

- 要以身作则，体现出教师的职业涵养。

- 对每一个人都要和善相待，但是不要参与到消极的闲聊当中。

- 与积极向上、富有职业精神的教师为伍。虽然“对他人心生同情”和“一起吐吐苦水”较富诱惑性，但是请你务必克制自己。

- 多多聆听。所有人都希望能被聆听。优秀的聆听技巧将帮助你在生活中走得更远。还要切记，“聆听”和“同意”并不是一回事。

- 只要条件允许，就要参加同事聚会。这将有助于加固你在“大家庭”中的地位。

- 尽好自己的本分。在合适的前提下，施以援手。让其他人知道你是一个尽心尽责、乐于奉献、刻苦努力并且关心同事的人。

- 要十分清楚自己希望融入到哪组人当中。

- 不要纠结于“哪位同事最喜欢你”这个问题。虽然成为团队的一员非常重要，但是你之所以成为教师并不是为了成为最受欢迎的同事。永远要将学生放在最重要的位置上。

关键要点

除非每个人都完全相同——但这是不可能的，否则你不可能与每一个人都打成一片。因此，要选择那些你最希望成为的人——积极向上、富有职业精神的教师——作为朋友。只要你足够积极向上并且富有职业精神，你就一定可以获得别人的尊重。

同事对你做出了消极的评价

棘手情境

教师芭芭拉和梅琳达正在利用中午休息时间闲谈。一位同事恰好听到了两人的对话，悄悄地对她们说："我估计你们肯定想知道，格鲁彻女士说了你们俩的坏话。她说你们俩为了实现自己的目的，什么事情都干得出来。还说因为你们总是喜欢挑选好学生，所以学生的纪律问题才会那么少。"此时，上课铃响了，这位同事才停止了自己的喋喋不休。三个人分别走进了自己的教室。

芭芭拉暗自思忖："我估计可悲的格鲁彻老师是要说每一个人的坏话啊，这一次轮到我了。当然了，她说的话全都是无稽之谈，我肯定不用为自己辩解，因为我也没什么可辩解的。我很欣慰至少她注意到了我能够处理好自己学生的纪律问题。或许她是因为这个而感到自己受到了威胁吧。下次见到她的时候我要再热情一点。"

梅琳达暗自思忖："她怎么敢这样说！我的学生之所以听话，并不是因为我精挑细选过。我从来没有选择过哪怕是一名学生！她凭什么这样说？很抱歉，我是不会放过她的。"下班之前，梅琳达去找格鲁彻女士对质。格鲁彻女士当然否认自己曾经说过这样的话。尽管如此，双方难免恶言相向，彼此都受到了伤害。梅琳达现在感觉更加糟糕了，因为她知道格鲁彻女士在对她撒谎。她会找到方法去揭穿她！她到家之后就给芭芭拉打电话。芭芭拉劝她不要因为这件事劳心费神。格鲁彻女士一向满腹牢骚，这是众所周知的。没有人会在乎她的话的。梅琳达不敢相信芭芭拉居然不像自己一样义愤填膺。好吧，她只能独自行动了。不论如何，她都要维护自己的名誉，不能就这样放过格鲁彻女士。为了扭转败局，她经历了一个漫长的无眠之夜。

解决之道

首先，必须意识到，在某些情况下即便是成年人也会行为失当，对他人恶言相向。但请记住，当他人对你出言不逊时，如何做出回应的主动权掌握在你的手中。你没有办法控制他们说什么，但完全可以控制自己的回应方式。芭芭拉意识到了这一点。梅琳达却浑然不觉。

芭芭拉考虑到了流言蜚语的来源，随后决定没必要为其劳心费神。她想到了格鲁彻女士本就是一个消极之人，甚至还为可怜的格鲁彻夫人感到怜悯。她迅速决定，最佳的行动就是完全不采取任何行动，下次见到格鲁彻女士时还要对她更加和善和热情一点。

梅琳达则完全把格鲁彻女士的话放在了心上，她被那些消极的评价左右了自己的情绪。她的所作所为正中了格鲁彻女士的下怀——她上了钩。因此，她失去了自己的理智，破坏了自己的专业涵养，并且参与到了无谓的“权力斗争”当中。谁都无法知道梅琳达的这种糟糕状态会持续多久，唯一确定的一件事就是梅琳达已经一败涂地了。

关键要点

当其他人对你恶言相向时，最好不要再火上浇油，要审视流言的来源。事实上消极之人往往对待任何人、任何事都恶言相向，所有人都知道这一点，因此大家都对流言蜚语不会太过当真。即便流言针对的是你，最好的应对方法也是充耳不闻。尽管如此，倘若你认为自己必须对流言蜚语做出回应，那么务必事先就思考好自己要说什么、怎么说。之后，再与对方冷静地进行接触。当然，两人的会面必须是私下进行的。同时，无论发生什么，都要保持冷静。为人处世的一条原则，就是要对待每一个人都饱含敬意，同时不卑不亢，长此以往，即使其他人对你有所微词，也没有人会相信他们。

校长对你做出了消极的评定

棘手情境

校长在对教师进行观察之后，对其做出了消极的评定，这种情况经常发生，原因也多种多样。没有哪位教师希望得到消极的评定。我们都希望全力以赴做到最好，不论是有校长在旁观察还是没有。同时，我们也需要有人根据我们在课堂上的表现做出客观的反馈。

是的，真相有时会让人心情欠佳。在某些情况下，消极的评价完全准确；还有一些情况下，消极评价并不符合实际。本章将同时考虑到上述两种情况，重点关注以下两个问题：(一)如果消极的评价完全准确，你应该怎样做；(二)如果消极的评价并不准确，你应该怎样做。

在受到消极的评定之后，你应该做的第一件事，当然就是要来个深呼吸，尽可能客观地看待评定结果。逐条逐点地审视评价结果。譬如，假设评判结果认为你的教学计划含糊不清、难以评测，而你的教学计划的确含糊不清、难以评测，则校长的判断就是客观的。无从争辩。但是，假设在你看来，你的教学目标非常清晰、可以评测，那么你就应该及时与校长进行沟通。

解决之道

如果你所受到的消极评定完全准确，你应该采取以下行动：

- 要知道，没有谁希望受到消极的评定，因此你感到心灰意冷是完全正常的。大胆地正视这种挫败的感觉，然后下定决心改善自己的表现。

- 倘若评定结果准确无误，你也确实感到自己的授课效果不佳，那么你就要抽出一些时间思忖评定结果，并且谋划如何向校长汇报这些问题。

- 给自己冷静下来并且整理思路的时间。逐条逐点地研读评定结果。如果你知道如何在每一点上有所提升，那么就应撰写一份改进计划。如果你对如何改进现有教学方法存有疑惑，那么就应向校长求助。

- 与校长约定会面的时间，共同探讨你对于评定结果的反思。要带上你的改进计划，和校长大胆地谈论你的问题以及任何你希望进行讨论的观点和想法。相对那些一味为自己的行为辩解并且愤世嫉俗、摆出受害者姿态的人而言，教师如果能清醒地认识到自己的问题，并且能够制订出相应的改进计划，必然会令校长刮目相看。倘若校长指出的问题的确存在，那么就要大方承认，认同领导。

- 专业地阐述自己的观点。或许，你在课堂管理方面存在短板，背后必定有其原因。或许，几周之前你就已经请求校长协助自己加强课堂管理。校长本来答应要安排一名资深教师协助你，后来却忘记了这件事。这种情形之下，你的争辩是合情合理的。在这一示例中，校长也许会同意给你提供帮助，并且在此之后再去重新评价你的课堂管理水准。

- 要清楚地向校长表明，你希望有所进步，并且会为此刻苦工作。

- 会面过程中要时刻保持职业涵养。提出问题之后可以自如地写下笔记。就自己如何查漏补缺，去征求校长的意见。

- 与校长谈论自己的优势也无可厚非。要指出你认为自己做得比较好的方面。如果校长在评定结果中没有提到你的任何优点，那么就要询问校长欣赏自己哪些地方，并且将该内容加入到评定内容当中。

- 会面结束之后，你要将自己所取得的进步以文件形式记录下来并请校长审阅，只有这样对方才知道你在为了进步而不断努力。邀请校长到你的教室去见证自己的进步。

- 不要对自己过于苛刻。没有哪一名教师是完美无缺的。相反，要下定决心，取得进步，同时庆祝自己所获得的成就。你还可以寻求其他人的协助，包括可信赖的同事、辅导教师或者任何能够帮助你补齐短板的人。

如果你所受到的消极评定纯属子虚乌有，那么你就应该采取如下行动：

- 直到自己完全冷静并且镇定下来之后，再与校长理性地进行交谈。
- 仔细审读评定结果中你并不同意的内容，须逐条逐点进行审读。
- 请校长逐条解释为什么他认为你在各领域内表现欠佳。同时询问他认为你应该做出哪些改变。之后再陈述你自己的观点，说明自己为什么不同意对方的想法。
- 记录下会议过程中双方所讨论的内容，因为文字记录是十分重要的，尤其是在你需要与这些评定结果进行抗争时更为如此。
- 在你与学校上下级进行沟通的过程中，不要在任何语句中流露出自己的情绪。必须时刻秉持自己的职业涵养。
- 在你陈述了自己的观点之后，校长有可能重新设定你的评判结果。譬如，你能够澄清他在课堂上未能完全理解的一些内容。但是，倘若校长仍然觉得评判结果无须更改，那么要让他知道，你虽然对他持有敬意，但并不同意他的观点。
- 倘若在与校长进行会面之后，你仍然对评定结果感到不满，那么下一步就是要深思熟虑，是否要将自己的意见传递给更上一级别的领导。

关键要点

不论你是否同意评定结果，都要尽可能地保持镇静、客观并且坚持自己的职业涵养。与校长就评定结果进行沟通，并且确定双方的共识和争论点在哪里。假如你认为自己的确需要在某些方面做出改进，则应制订出相应的改进计划，并且让校长知道你已下定决心改善自己的教学技能。倘若你并不认同校长在评定结果中的一些判断，那么就要提出疑问，并且说明为什么自己认为评定结果并不准确。如果你仍然感到不满意，则应深思熟虑，是否要将自己的意见传递给更上一级别的领导。

最后还要提醒你：不要与其他教师讨论自己的委屈和不平。他们对此无能为力，只会将你说的话告诉给其他人。马上，你的话就会尽人皆知。在这种情况下，无论你的看法是否正确，都会让你显得不够专业。

家长不回复你的电话

难题
24

棘手情境

某名学生已经完全失控了。他的表现每况愈下，他的学习成绩一塌糊涂，而且，你发现他已经陷入到了恶性循环当中。你想要将这些情况告知他的妈妈，希望能够得到她的支持。你感到自己已然竭尽全力了，却没有取得什么好的效果。因此，你决定给他妈妈打个电话。通话被转至语音信箱当中，所以你请她给你回个电话。两天过去了，你的电话仍然静悄悄的。你又打了一次，之后又打了第三次。仍然没有回应。很明显，她在躲避与你的对话。

那么，你该怎样做呢？希望这不是你与该家长的第一次接触。我们曾经探讨过，与家长维持长久的、积极的沟通是十分重要的，同时我们还提供了很多小窍门。

无论如何，事情已经发展到了眼前的境地。因此，不要再为自己过去的行为懊恼不已了。你现在需要做的是，客观地评判自己与该家长先前所进行的沟通，并以此作为基础帮助你更进一步。

解决之道

以下是与家长就学生问题进行沟通时需要考虑的事项：

- 在与家长沟通之前，要清楚地知晓学生存在的问题是什么，你为了处理问题采取了哪些措施，以及为了解决问题你希望家长如何尽一臂之力。
- 查看家长的通讯信息。在某些情况下，家长有多个联系号码。如果你无法联系到监护人甲，可以试试联系监护人乙。
- 与家长进行沟通时，对于语音信箱、电子邮件或者手写信件的语句、文字以及表达方式务必小心谨慎。你应该表达出自己的关心，而非胁迫。

- 询问教授同一学生的其他教师是否曾经成功地与其家长取得过联系。在某些情况下，学校秘书或者接待员都可助你一臂之力。

- 当家长拒绝回复你的电话时，不要认为这是针对你个人的行为。要尽一切可能地排除自己的私人情绪。你的目标是帮助学生，仅此而已。

- 与该学生进行交谈。让他知道你在尽力帮助他并且在联系他的家长。不要以此作为威胁，譬如："如果你不好好学习，我就给你妈打电话。"如果这样的话，他将不择手段地阻止自己的家人与你联系。

- 如果你数次给家长打电话都毫无回应，那么不妨撰写一封措辞严谨的电子邮件。相对于电话而言，某些家长更愿意回复邮件。当然，这并非理想情况。尽管面对面会谈是最佳沟通方式，但面对这样的家长，你暂时也只好勉强接受电子邮件的方式。

- 一定要意识到，如果你尽己所能也无法与家长联系上，那么你就要在没有家长协助的情况下，在校园内将问题解决好。

- 如有必要，可以将问题报告给上级领导，请求指导或者支援。假如问题足够严重，领导或许会安排家访。

- 记录下你为了联系该家长所做出的全部努力。

关键要点

一定要意识到：一旦你用尽自己的资源之后，家长的回应与否已不再受你掌控了。但是，学生还是需要你每天进行教导和接触。不要错误地认为："好吧，学生的家长都不帮忙，我已经束手无策了。"事实上，你应该更加努力，让他知道你关心他，在乎他，你愿意帮助他，而且你也不会放弃他。

你不敢在教师会议上说出自己的想法

难题25

棘手情境

你每周都会参加教师例会，但你一直作为旁观者而存在。会议上的讨论内容不外乎学生、家长、课程、现行教学计划以及日常教学等。讨论过程中，你总是忍不住想要表达自己的思想、感受以及观点，但你不敢发声。你安慰自己说，之所以开不了口，是因为无论如何也不会有人认真聆听，主导讨论的永远是固定的那几个人（消极的人），而且你的资历尚浅，还不足以获得全体同仁的尊重，如此这般。你尽可以自欺欺人，但是一旦深入思考，你就会意识到，这些原因根本不足以解释你的沉默。

解决之道

如果你发现自己不愿意在教师会议上发言，请回答以下问题：

- 是什么东西阻止我在会议上表达自己的理念和观点？
- 我是否害怕他人因为不同意我的观点而不欢迎我？
- 我是否感到自己想要说的话缺乏依据，或者我是否对自己的观点缺乏信心？
- 我希望在会议上分享自己的观点之后能够达成什么样的结果？
- 倘若我真的发表了自己的观点，它能够从整体上对学生或者学校有利吗？

回答过这些问题之后，你会更加清楚地明白自己为什么不愿意在会议上发言。我们发现，通常教师之所以不在会议上积极发言，主要包括三个原因：个人的不安全感；担心自己不受欢迎；或者感到被一些同事所威胁。

那么，让我们逐个攻破这三个原因吧。首先，如果你因为缺乏信心不敢发言，那么你就要跨越障碍，不论如何，尽力去表达自己。你是一名专业人士，有权利让他人听到自己专业的声音。只要你能以专业素质表达出自己的观点，并且你真诚的发言能够紧紧围绕既定课题，那么，你的行为就完全合情合理。做个深呼吸，然后举起你的手吧。

倘若你不愿发言是因为害怕自己不受其他同事欢迎，那就要提醒自己，成为教师并不是为了让其他教师都喜欢你。你之所以成为教师，是为了尽己所能做对学生有利的事，尽管这样做可能并不会得到所有人的认同。你是否注意到，那些“反对论者”之所以能够横行霸道，就是因为他们总是最大声地发言、最频繁地发言？诚如俗语所言：会哭的孩子才有奶吃。

你是否在内心深处对某些消极的同事感到恐惧呢？很多优秀的教师都存在这种心理。但请切记，必须以优秀教师的做法为榜样：不要让自己的恐惧感成为提升教学及学习效果的“拦路虎”。如果你易于屈从，那么你将一败涂地，更重要的是，你的学生也将一败涂地。

关键要点

当你发现自己不愿意在教师会议上发言时，请切记：

- 你是一名专业人士，与同事分享自己的想法、观点和理念，既是你的权利，也是你对学生应尽的义务。
- 如果你和其他积极的教师保持沉默，消极的教师就会掌控讨论的话语权。
- 永远要以最为积极、最为专业的方式说出自己必须讲的话。即使其他人并不同意也无关紧要。不要让这种情况影响到你。
- 不要为了发言而发言。但是，如果你感觉自己可以为学校带来积极的改变，就一定不能保持沉默。

- 你之所以成为教师，并不是为了取悦于你的同事和他们千奇百怪的想法。你之所以成为教师，是为了让学生获益。要永远发出支持自己学生的声音。

- 即便你刚刚登上工作岗位或者刚刚到学校任职，你的观点也具有相当的效力，并将被其他优秀的教师所珍视。

- 如果消极的教师并不喜欢你，那么我们就要恭喜你了。

PART 3

Classroom Management Challenges

课堂管理带来的挑战

教室总是乱七八糟

难题 26

棘手情境

为了成为一名优秀的教师，你必须保持井井有条的状态。但是要做到这一点并非易事。学年开始时，课堂可以说是完全秩序井然的。你暑假期间就在这间教室里面工作，一切都干干净净、井井有条并且各就各位。之后，事态骤变，因为学生开学了。此时，你仍然需要保持教室的整洁。你手头有教学计划文件夹，有学生作业文件夹，有待评分的试卷，有待分发的教学活动清单，有成绩记录册，有电脑文件，还有课程材料，等等。如果你不能及时整理，就将深陷混乱的境地。真的存在解决方法吗?

解决之道

以下是确保教室保持井井有条的一些简单窍门：

- 为所有物品都设定好位置。需要发放给学生的试卷、待评分的试卷、教学项目材料、当天上课所需的教学材料、学生用品、需上报给上级办公室的试卷、电脑配件、家长往来信件、下一步课程的文件夹、学生作业等，都需设定相应的位置。做好标签，不要让任何物品放在设定之外的位置。也许你听过这句俗语："各得其所，则各就各位。"假如你不事先规划好物品的放置地，那么混乱必然随之到来。电脑文件同样需要如此整理。要确保电脑上每一个文件夹都井井有条，易于搜索。
- 设置一个"今日文件夹"和"明日文件夹"，这一简单的工具能够节省你大量的时间和精力。举个例子，如果有一份文件必须明天上报上级，那么就将其放在明日文件夹中。你也可以今天就处理这件事，但没有必要。倘若你必须回复家长的信件或者电邮，那么就将其放在今日文件夹中。相信你已经明白其中的妙处了。你只需确保一天的工作结束之后今日文件夹空空如也即可。之后，迅速将明日文件夹中的材料放到今日文件夹中，第二天上班后马上着手处理。

- 向学生解释教室的物品组织架构。向他们展示各种物品的摆放位置，并且不时加以提醒。要对学生课桌及学习区域的物品摆放进行明确的规定，同时多加检查。学生在清楚地了解你的规定之后，遵守规矩的概率将大幅增加。

- 允许学生帮助你整理教室。譬如说，你正在给一组学生讲课，这时有人敲你的门，他送来了很多作业，必须今天下午之前提交到上级办公室。你让敲门的学生把试卷放在今日文件夹中即可。还有一种调动学生帮助你的方式是：在下课之前，利用三十秒的时间，让每个人整理自己的学习区域。如此一来，学生放学之后，你就不必收拾“烂摊子”了。

- 如果你之前不够用心，现在教室已经乱到你不知道应该从哪里开始收拾的程度，那么就邀请一位将教室布置得井井有条的教师协助你吧。有些教师只要你开口，都十分乐于伸出援手。但如果不加邀请，这些教师就不会注意到你的困境，更不知道怎么去帮助你。

关键要点

- 你的教室无须为了井井有条而一尘不染。
- 为每一件物品都设定好存放区域，同时确保每一件物品都放在正确的位置上。
- 学生会以你为榜样，学习你把教室收拾得井井有条的整理方式。
- 赋予学生一些维持教室井井有条的责任。

- “今日文件夹”和“明日文件夹”能够有效帮助你应对工作负担。
- 不要因为过于自傲而不去求人帮忙。
- 与摆脱混乱状态相比，维持井井有条的状态压力更小，也更节省时间。

你知识渊博，却不懂管理技巧

棘手情境

内森是一位受过高等教育、智商超群的教师。他所获得的学位和证书不可胜数，足以证明其智商之高。他负责高中物理课，他撰写了详细的教学计划，但全部浪费掉了，因为他极其缺乏管理技巧。他在教学岗位上苦苦挣扎了四年，最终还是辞职了。他对物理学科的深入理解无法令自己成为一名出色的教师。没有恰当的管理，学生在课堂上学到的知识可谓少之又少。

芭芭拉是一名一年级教师。她的教学计划一丝不苟，她的学科知识扎实全面，但是她的课堂管理混乱不堪。学生总是在不停地大声说话，扰乱课堂秩序。教学活动期间，绝大多数学生都心不在焉，没有几个人能做到认真学习。课堂讨论期间，学生们总是随口乱说自己的答案或者评论，互相之间的小打斗也是层出不穷。芭芭拉不断地请求学生认真听讲，有时候也转而采用威胁的方式，但是一点效果都没有。每天回到家时，她的嗓子都已沙哑不堪了。课堂管理存在短板，同时也影响了学生的学习效果。两年之后，芭芭拉就辞去了教职。

教师所面临的最严峻挑战之一就是课堂管理。教师最容易犯下的一个错误就是忽视课堂管理。所谓课堂管理，涵盖了教师为确保教学顺利而采取的任何措施——从设定清晰的规则，到安排座位，到策划最大化提升学生参与性的活动。只要课堂管理没有到位，令人满意的教学和学习效果就属天方夜谭。

以下是缺乏管理的课堂所具有的一些特征：

- 学生谈论与教学内容无关的话题。
- 学生脱口而出不得体的话语。

- 分配教学任务期间，学生秩序混乱不堪。
- 学生不遵守规则。
- 与学习无关的行为不可胜数。
- 缺乏常规和规则。
- 课堂嘈杂混乱。

解决之道

你的课堂中是否具备上述特征呢？如果答案是肯定的，那么你就应该遵循以下步骤，让课堂秩序从混乱不堪转变为井井有条：

- 切记：判断并且承认自己的课堂缺乏管理，是做出改变的第一步。
- 确定课堂管理的哪一方面最需要做出改进并且优先对其进行处理。
- 设定清晰明了的规则和规定，并且要对学生广而告之。考虑到规则主要着眼于调整严重的冒犯行为并且会设定相应的后果，因此规则最多不要超过五条。
- 建立一套确保学生认真学习的课堂规程。与学生探讨它、实践它，并且一如既往地使用它。
- 设定课堂规程，包括传递试卷，请求发言，前往学生食堂或从食堂返回，削铅笔，小组作业，操作电脑，等等。在经过反复的练习之后，这些课堂规程将会成为日常习惯和守则。
- 始终如一。明确你的想法，以便学生知道自己应该做什么，什么时候做什么，以及如何做。
- 谋划一些能够抓住学生兴趣点并且促使学生积极参与的教学活动。如果学生懂得遵守课堂规则和规程，那么在这些活动期间你就无须费心去应对混乱的课堂秩序了。

关键要点

问题关键在于，没有优秀的课堂管理，优秀的教学就无从谈起。授课内容固然重要，但并不是全部。教授课程内容之前，你必须建立起自己的课堂管理体系。要明确你对学生有哪些期待，而且一旦设定好自己的课堂规则和规程之后，就要一以贯之。

还需切记，课堂管理不仅关乎“课堂”，同样关乎“管理”。要确保教师自身每一天都能秉持自己的职业素养，这将对高效管理课堂大有裨益。

学生一进教室就交头接耳

难题28

棘手情境

你的学生进入教室时是否静悄悄的，而且无须你提醒就马上进入学习状态呢？读完这个问题你是否哈哈大笑呢？学生每天进入你的教室后一般会做什么呢？他们是否开始交头接耳，而你则为了让他们安静下来、专心学习而头痛不已呢？

解决之道

无论你是否相信，学生安静地进入教室并且马上开始学习是完全可能的。只要遵循以下两个简单的步骤，任何教师都可以做到这一点：

- 建立起一套确保学生认真学习的课堂规程。譬如，某些教师会使用手势信号——也许是伸出五个手指。学生知道，当老师做出这个手势时，他们必须安静下来。此手势被称作“跟我击掌”，它意味着“安静下来，看着我”。看到这个手势时，学生同样需要伸出自己的五个手指。还有一些教师则会使用报时装置或者铃铛（甚至还有电池驱动的门铃）。某些教师会边拍手边说：“如果听见我的话就拍一次手。”同时学生要拍手作出回应。最关键的是，从学年一开始，就要提出这样的要求。学期中途再想实施这样的课堂规程，难度会很高。

你的信号是什么，学生的年龄多大，这些其实都无关紧要。真正重要的是，你是否能够一以贯之地使用这些信号以及你在使用信号的过程中看起来究竟是满脸欢喜还是愁眉苦脸。最佳的组合是“一以贯之+满脸欢喜”。只要你设定出一套吸引学生注意力的课堂规程，就要鼓励学生加以实践，并且一以贯之地进行使用，每次都要看起来满脸欢喜，这样你才能获得成功。学生将认识到，每次只要你做某一手势，就是要求他们集中注意力。如果他们偶尔忘记了这一规程，让他们加强练习即可。从另外一个角度而言，如果你对课堂规程的使用前后不一或者在学生不加遵守的情况下显得沮丧不堪，那么显然不会获得成功。再强调一次，成功与否的关键并不在信号本身，而是你每天对于信号的使用方式。

- 设定一些“每日暖身”活动（通常被称作“铃声作业”），督促学生在走进教室之后即刻进入学习状态。铃声作业应该用时较少，趣味盎然，并且与当天的课程内容存在联系。铃声作业的要求每天都要张贴在教室的同一位置，这样，学生在落座之后，立刻就知道自己应该看哪里。譬如说，今天你要教授一个新课题，然后你想要大致掌握一下学生对该课题的背景知识是否充足。那么铃声作业就可以是：你对________（说明课题）有哪些了解？请列举出三条。在我给出信号之后，与邻座的同学交换自己的答案，双方共同了解课题内容。

除了让学生在进入教室之后迅速切换到学习状态之外，铃声作业还具有其他的优势。它能为你争取出一些时间，你可以趁此机会统计出勤率，收集作业，发放试卷，等等。

如果在铃声作业期间有很多学生开始讲话，那么你可以马上使用你的信号让他们专心做功课。

关键要点

在功课上付出的时间是学生取得成就的关键决定要素。你希望学生从进入教室到走出教室，都一直处于学习状态当中。倘若学生在走进教室之后，习惯于跟同学寒暄打闹，那么你就不得不抽出时间来纠正他们。但是，如果你已然建立起让他们集中注意力的课堂规程，那么就可以借助信号来让他们迅速开始做铃声作业。在他们习惯于每天做铃声作业之后，你就会发现自己使用信号的频率越来越低。

确保学生集中注意力的课堂规程的注意事项：一以贯之，在使用过程中要面露微笑。

铃声作业的注意事项：用时较少，趣味盎然，并且与当天的课程内容存在联系。

学生爱讲小话

棘手情境

我们不会去询问你的班级中是否存在喜欢说话的学生，我们会直接假设你的班级里有这样的人。每个学年，每间教室中，都有这样一名学生——喋喋不休讲话的学生，随口乱回答问题的学生，用他持续不断的讲话打扰其他同学的学生，这样的学生确实非常考验你的耐心。你已经尝试了各种各样的方法来纠正他的行为。你已经知道，改变他的座位毫无作用，因为他跟任何人都会讲话。让他远离其他学生之后，他要么自言自语，要么更加大声地说话，让远处的同学听到自己的声音。通常情况下，这样的学生知道自己的行为是惹人厌烦的，他也知道自己正在考验你的耐心。他的行为控制了其他人的行为，或许也包含你在内，我们不得不承认他非常具有影响力。他渴望得到关注，即便是消极的关注也在所不惜。在去除他的影响力之后，他的不端行为将会大幅减少。

解决之道

把该学生叫到一边，远离其他学生（不要让他拥有观众），并且和善地与他进行交谈。告诉他，你对于他不遵守发言规程的行为感到十分不安。告诉他，你知道在自己的朋友面前忘记发言规程是多么难堪和尴尬。之后，再告诉他，你很乐于帮助他，可以在课后、课间或者放学之后与他交谈（要指出你并不是占用他的空闲时间，你是在花费自己的空闲时间，原因在于你关心他）。当其他学生离开教室之后，单独与他进行“练习”。告诉他，假装他们正在上课，他有些话要说。让他展示请求发言的正确规程（举手）。这样做不会超过一分钟，因此不要担心自己的空闲时间被占据。抽出一分钟的时间，把他叫到一旁，然后进行练习即可。告诉他，如果他再次忘记了规程，你会非常乐于给他更多的练习时间。之后让他返回教室。假如你能够占用他自己的时间进行练习，那么他再次打扰其他同学的概率将会大幅下降。

借助这种方法，可谓一举多得：你表达出了自己的关心和关爱而不是心烦意乱；你移走了他的观众；你消除了“权力斗争”的引诱力；而且你让他知道，当他“忘记”了发言规程时，你会与他进行练习（而不是威胁他是否敢于继续他的不端行为）。做好让自己大吃一惊的心理准备吧。他或许完全不明白发生了什么，但你心知肚明。

以此为起点，当他不再乱说话时，要表扬他。让他能够完成化茧成蝶的转变，同时给予他越来越多的积极关注。只要他按照规矩举手发言，就要满心欢喜地表扬他。当他确实“忘记”了规矩，随口说话时，你在一边提醒他遵守发言规程即可。倘若乱说话的问题又反复出现，那么就增加练习的次数。在此过程中，要时刻保持冷静的状态，面露和善的笑容。

关键要点

- 在教育不按规矩发言的孩子时，切忌使用消极的态度加以对待。
- 与总是乱说话的孩子交谈时，要满怀关心；同时在没有其他学生在场的情况下，与他进行练习。
- 当学生不按规矩说话时，要温柔地提醒他注意发言规程，提醒时要面露笑容。
- 与不按规矩讲话的学生接触时，要把他当作忘记发言规程的孩子加以对待。
- 当爱乱讲话的孩子不再交头接耳或者开始展现出其他积极的行为时，要对其进行表扬。这样的学生渴望获得他人的注意，因此不妨遂其所愿，但是切记要多给予他积极的注意。

学生在代课老师面前表现不好

棘手情境

你难免会因为不可预见的原因无法到学校上班。代课教师此时就要承担你的职责。第二天你返回学校后，了解到了以下情况：

- 代课教师上课期间，你的学生表现得并不令人满意。
- 某些学生对待代课教师较为粗鲁。
- 很多学生拒绝按照代课教师的要求做任何功课。
- 有几名学生被代课教师请到了校长办公室。
- 很多本来表现较为优异的学生，在代课老师面前却出现了“人格转变”。
- 代课教师几乎没有遵循你的教学计划进行授课（毕竟，抓学生的纪律问题就已经让他焦头烂额了）。

对于自己的学生在代课教师面前的表现，你感到十分沮丧。其他同事毫无疑问已经听闻了你的学生昨天的表现，这让你感到十分尴尬（你同样知道校长必然也会了解到相关情况，因为他要处理那些不守纪律的学生）。而代课教师也不得不忍受你教室的混乱情形，对此你惭愧不已。

解决之道

这一场景是否让你感到熟悉？很多教师担心自己无法上班时请代课教师上课，因为他们不知道自己的学生在代课教师面前会如何表现。不过，终究还是有一些教师不担心代课教师的问题，因为他们发现了一个秘密。

以下就是他们的做法：

- 首先，他们意识到学生每当遇到一位新教师时，他们都会使出各种招数去测试对方的宽容程度。因此，他们会从一开始就提醒学生不要这么做，一旦这样做了后果会很严重。

- 学年之初，他们都会就“如何接受代课教师的教导”对学生进行培训。培训内容就包括为班级中每名学生分配任务。譬如，安排一名学生担任“迎宾员”，他要负责欢迎代课教师。安排一名学生负责为代课教师介绍教室内各物品的位置——教学计划、学习用品、教学工具等。安排一名学生向代课教师解释吸引大家注意力的规程。还要安排一名学生负责分发试卷。以此类推，鼓励每一名学生都勇敢承担起自己的责任，让代课教师有宾至如归的感觉，并且熟悉本班的总体授课方式。每一名学生在下课后走出教室时，都必须向代课教师致谢。相信你已经掌握了此方法的精髓所在（该方法可发挥出令人满意的效力，它适用于任何年龄段。当然，为使该方法适用于自己的课堂情境，你需要针对学生的年龄段对每一个学生承担的任务进行合理调整）。

- 在明确了每一名学生的任务以及代课教师代职日的教学流程后，教师要与学生就其进行练习。教师偶尔可以说：“请同学们假设我就是今天的代课教师。扮演好你们各自的角色吧。”学生很喜欢这种练习，而且通过这种练习他们也可以了解在真正的代课教师授课时，他们应该如何表现。

因此，在你无法上班时，学生会感到自己非常重要并且负有善待任课教师的责任，这样他们就不会像脱缰的野马一样开始胡闹！倘若你认为这个方法并不管用，那只不过说明你还没有亲身去实践它或者你还没有完全掌握这个方法的妙处。此外，这一方法并不仅仅适用于小学，我们发现，各个层次的学校在使用这个方法之后都收获了巨大的成功。不仅如此，代课教师也会被你的学生负责任的天性和优秀的行为所震撼。

关键要点

将学生交给代课教师进行管理，需要考虑到三个基本问题：

- 你首先要清楚一点：学生在代课教师面前很容易表现不好，这是人类的本性使然。
- 为了让这一问题消失在萌芽中，你可以事先培训学生在你不上班时应如何表现。为每一名学生分配职责，这样他们就会觉得自己被授予了权力——去协助授课教师，而不是扰乱课堂。
- 时不时地进行“代课训练”，以确保学生清楚地了解在代课教师面前应该如何表现。切记，当学生知道教师对自己有哪些期待时，他们按照这些期待行事的概率将大幅提升。

在代课教师面前，如果学生无所事事，结果将不堪设想。虽然我们没有万灵的方法，我们也无法保证每一名学生在你面前都表现优异——更不要提在代课教师面前了，但可以肯定的是，事先就做好准备，并且为代课教师的到来制订计划，总要比每次都不制订计划要好。无论如何，你都要反复教导学生，确保学生完成诸多有意义的任务。

学生令你忍无可忍

棘手情境

德斯利是今年最令教师头痛的学生。不可否认，每一学年、每个班级都会出现这样一个孩子。他会让你忍无可忍。你的耐心逐渐消耗殆尽，对于如何纠正学生令人沮丧的行为，你也感到无计可施。你说“停”，他就说“走”；你说“上”，他就说“下”。他知道如何惹得你青筋暴起。你越是恼羞成怒，他越是乐此不疲。他还非常享受这一事实：他的同学们都知道：他，一个学生，拥有能够控制你——一个成年人——的能力。

教师如果对于学生滑稽的举止应对不当，局面就会急转直下——双方开始进行力量的角逐。当然了，这种角逐是毫无结果的。而且，对于某些学生来说，把老师气得火冒三丈，绝对是一件趣味盎然的事情。

所以，你要意识到德斯利已经成功地“压制”住你了。这已经成了他的一场游戏，而且他完全没有停止下来的意思。事实上，对于如何逼迫你失去耐心这件事，他已经越发稔熟于胸了。因此，现在到了你力挽狂澜的时候了。假如你采取了恰当的方法，那么德斯利将完全意识不到发生了什么。

解决之道

以下是避免被学生气得火冒三丈的一些诀窍：

- 首先，要下定决心，从今天开始，在学生面前隐藏自己的易怒点。
- 事先就要了解哪种类型的行为会令你忍无可忍。同时，事先就要知道自己如何才能够在学生面前隐藏自己全部的易怒点。

- 事先就和自己约法三章，以免自己措手不及。“下次德斯利（或者其他学生）再________，我只需________即可。”同时要一如既往地执行既定方案。

- 不要冲动行事。那样你往往会追悔莫及。正因如此，才必须事先就谋划好。另外，如果仍然有学生以出乎意料的方式让你措手不及，那么只需退后一步进行思考，然后再采取行动。

- 控制自己的话语。不要将自己的想法脱口而出。在其他人逼迫你做出反应时，沉默的确是金。

- 控制自己的身体语言。即便你没有说任何话，倘若你咬牙切齿或者盯着天花板或者面露愠色，你就已经失败了。

- 你一定不能让学生看出来他已让你火冒三丈。这并不意味着你要对不守纪律的学生视而不见。相反，它意味着你要冷静地与该学生打交道——保持自己的冷静，至少表面上要如此。

- 与学生单独进行谈话。如有必要，需让他为自己的行为付出代价，但要让他事先就知道这是他自己做出的选择。要表现出这一切并未让你恼怒的样子——都是他自己的选择。

- 对无关紧要的事要视而不见。

- 给不守纪律的学生赋予一些权力，当然，不是他所渴望的那种权力。当他表现得比较好时，要表扬他，同时赋予他少量职责，创造出更多表扬他的机会，并且将注意力从他那些消极的行为上转移开来。

关键要点

教师必须确保自己不被学生激怒。那些不容易被学生激怒的教师，需要处理的纪律问题少之又少。在处理不守纪律的学生时，他们冷静而职业，并且不会在众目睽睽下进行。他们竭尽全力地不让自己的情绪受到学生的操控。在此过程中，他们的脸上会一直带着笑容，虽然在某些情况下他们不得不采取所有优秀教师都要使用的策略：假装很高兴，假装很冷静。

学生爱“打小报告”

棘手情境

倘若你误以为“打小报告”只是小学生才会做的事，那么请三思。每个学年开始之后，不需多长时间，我们就可以知道哪些孩子乐于“打小报告”，这里所说的“打小报告”是指“告发”“告密”“背后说闲话”等。事实上，任何年龄段的孩子都会做这种事，我们无须纠结其背后的原因，但我们必须承认每间教室里都会有孩子任命自己为“消息提供人”。在这里，我们会提供一些方法，来降低这一问题的严重程度。

首先，我们必须界定——对于整个班级而言——什么是“打小报告”、什么不是“打小报告”。虽然从定义上而言，“打小报告”意味着告发其他人的恶行，但是，如果有学生告诉教师某一同学在欺负其他同学，那么这种行为则不属于“打小报告”之列。但是，如果有学生告诉教师托马斯在抠鼻孔，那么这就属于“打小报告”了。课堂中的所谓“打小报告”属于贬义词——它没有实际的目的，对相关人员也没有帮助作用。与之相比，告发严重的事情，则可产生积极的结果。

如我们所知，某些学生会迫不及待地打其他同学的小报告——某某某做出了一个丑陋的手势，某某某说了一个不恰当的词语，某某某今天虽然请假在家但其实并没有生病，如此这般。当然，这些学生的坏行为必须加以限制，直到最终被彻底根绝，但是这些行为不足以成为向老师“打小报告”的内容。从另一个角度而言，如果向老师告发严重的事情，制止其他人受到危害，那么这种告发行为就应该得到鼓励。

解决之道

以下是减少学生“打小报告”行为的四个简单步骤：

- 第一步：向学生讲解“打小报告”和“报告严重事项”之间的区别。成年人通常误以为学生了解个中差异，但实际显然并非如此。要根据不同年龄段学生的理解程度给他们讲解一些例子，然后帮助他们判断哪些例子属于“打小报告”，哪些不属于。如有必要，要反复加以练习。

- 第二步：告诉学生，教师会帮助他们记住两者之间的区别（如果他们忘记——而且某些人必然会忘记），教师会说一个关键句，譬如“想想那第一个例子”。这是一种比较温和的提醒方式，能够促使学生去思考自己所要报告的内容会不会严重影响到自己或者其他人的健康。很快，无须你的提醒，学生就会事先进行类似的判断。

- 第三步：严加制止。从开学第一天就要清楚地说明，仅仅为了“打小报告”而“打小报告”的行为，是你无论如何也不允许的，更不会以任何形式加以鼓励。之后，每当“打小报告”行为出现时，都要使用你的关键语句将其扼杀在摇篮中。偶尔，你还需要与乐于打小报告的学生单独进行交谈，提醒他应该告发其他人的哪些事、不应该告发哪些事。

- 第四步：不要带着情绪进行回应。对于打小报告的学生，你可以听而不闻，但是一定要确保自己不要反应过激，这样往往能够制止该学生的打小报告行为，因为他们从你的反应能看出来你并不喜欢他们的“打小报告”的行为。

关键要点

习惯打小报告的学生很快就能判断出哪些教师支持自己的行为，哪些教师不支持类似的行为。如果这一习惯得到纵容，就会愈演愈烈。如果它不受欢迎，自然而然会消失殆尽。相信我们，就是这样简单！

学生将不好的情绪带到了课堂

棘手情境

学生纷纷走进教室，康巴提芙女士站在门口看着大家。她发现菲利普的情绪极其不好，正在愤怒地与同学争论。康巴提芙女士按照自己的风格采取了行动——她做好了作战的准备。菲利普还没踏入教室，康巴提芙女士就说：“发生在教室之外的事情就要留在教室外！你明白吗？”菲利普委屈地解释自己为什么感到如此愤怒。康巴提芙女士中途打断了他：“留在教室外，我刚才说过了！”菲利普愤怒地冲进教室，将书本砸在课桌上，喃喃自语。康巴提芙女士再次警告了菲利普，两人就此发生了口角。没过多久，菲利普就被送到了校长办公室。返回到教室后，菲利普更加恼怒，师生关系可谓雪上加霜。教室内火药味十足，冲突愈演愈烈，看起来毫无解决方法。

学生纷纷走进教室，普雷提芙女士同样站在门口看着大家。她发现菲利普的情绪极其不好，正在愤怒地与同学争论。普雷提芙女士和康巴提芙女士一样——她做好了解决问题的准备。普雷提芙女士说道：“能看出来你心情非常不好，希望我能够帮到你。你愿意趁着我安排大家做功课的时候安静地坐一会儿吗？之后我们再详谈。非常谢谢你。”菲利普一言不发地走到课桌前坐下。普雷提芙女士按照约定，在将其他学生安排好之后，和菲利普走出了教室。两个人讨论了一下之前发生过的事情。普雷提芙女士发现，菲利普之所以如此沮丧，的确情有可原。菲利普发现有人在欺负自己的妹妹。普雷提芙女士承诺，她将进一步调查这一事件。她告诉菲利普，她很赞赏他为妹妹挺身而出的行为，也完全理解他为何如此恼怒。她还告诉菲利普，自己很欣赏他没有把事情憋在心里，而是寻求教师帮助的做法。这是菲利普面对棘手问题最成熟的一种处理方式。

全部对话没有超过两分钟的时间。普雷提芙女士和菲利普两人返回教室的时候都十分冷静。情况有所好转，冲突得以避免，而解决方案也逐渐露出水面。

解决之道

很显然，教师应该向普雷提芙女士学习，同时尽量避免像康巴提芙女士的做法。当学生情绪低落时，你的终极目标是让他冷静下来，双方共同讨论引起他情绪低落的事情。你必须有针对性地了解引起学生情绪低落的原因，这样才能够真正帮助他解决问题。如此一来，你才能做到“对事不对人”。受到问题困扰的学生需要知道你和他同仇敌忾，而且愿意伸出援手。只有他了解了这一点，才更加有可能信任你，让你提供必要的援助。普雷提芙女士正是这样做的：她冷静地平息了菲利普的愤怒情绪，她告诉菲利普自己愿意伸出援手，她给了菲利普时间去深呼吸然后冷静下来，之后她又与菲利普进行交谈，并且得出了解决方案。

然而，康巴提芙女士所做的一切却是毫无效果的，因为其对抗性太过明显。教师应该帮助学生，而不是与学生斗争。

关键要点

学生走进教室的时候，偶尔会因为教室外发生的事情而郁郁寡欢，这一点你无法控制。但是，你能够控制自己对待这名学生的方式，并且帮助学生去应对困扰他的事物，以免事态扩散到其他学生身上。

“平息”，而非“对抗”。切记：相比责备而言，冷静地和学生谈谈，效果会更加突出。

课堂讨论偏离了预定的方向

棘手情境

你正在组织学生进行讨论，主题是“野生动物”。讨论的目的是确定野生动物与驯养动物之间的差异。有人提到，猎豹属于猫科动物，但是和家猫截然不同。马上，学生纷纷分享自己的故事，讨论哪家猫的名字最有创造性，谁养的猫最近死掉了，猫被埋在哪里、如何掩埋的，谁养的猫最多，谁养的猫跟狗打架了，谁养的狗最近死掉了，谁喜欢猫多过喜欢狗，谁喜欢蛇多过喜欢老鼠，谁喜欢电影《猫女》，这电影是否应该拍摄续集，是否应该再创造一个角色，哪些技术能够使得动画人物在大荧幕上栩栩如生，等等。

一切都发生得太快，你根本无法预知。而且这也不是第一次了。你不禁想：“他们知道自己在做什么。他们就是想让我偏题。我不会再让他们这样对我了。他们总是想在智商上打赢我。他们真的比我还要聪明吗？”突然，你变得心慌意乱，而且全班学生都看出来了。你说道：“大家已经完全跑题了。你们心里都知道。现在让我们回到正题上吧。”

解决之道

请你使用以下方法，确保学生的关注点集中在讨论主题上，并且在偏题的时候使大家回到正轨上：

- 要意识到在某些情况下，学生们——无论年龄多大、上几年级——都会有意识地令你偏题。如果出现这种情况，你要表现得对他们的动机一无所知。只要简单地说：“老师也很想听听你们的故事。等铃响的时候别忘了提醒我。到时候我们再讨论这个问题。谢谢同学们。”

顺便提一下，很少有学生会在放学之后留下来讲自己的故事。如果他们留下来，你就要兴致勃勃地听他们讲故事，就像是听你认为最精彩的故事一样。切记，我们要利用的是他们的个人时间，而不是上课时间。

- 要意识到，某些学生的偏题并不是故意的，他们也不是针对你，只是单纯地偏题罢了。你要尽可能平稳而冷静地将讨论话题拉回正轨。

- 不要认为这是学生针对你个人的行为。即便你确定学生是有意让你偏题，也不应该认为这是针对你个人的行为。你只需马上让讨论主题回到正轨即可。

- 让他们知道你对他们提到的内容很感兴趣，你可以说："我非常愿意听听你们给宠物起的名字，但是现在我们的时间不够了。如果大家提醒我，我会将这一内容作为作业留给你们。谢谢大家。"

- 坚持讨论主题，引导学生。如果有学生提到他养的猫和狗打架了，你可以说："哦，你提到这一点让我很开心。大家是否知道野生动物也会跟其他动物打斗呢？现在，既然我们谈论的是猎豹，那么就请大家尽快上网查询猎豹敢于同哪些动物对抗、不敢和哪些动物对抗。"

- 切记，掌控课堂讨论的人是你，而不是学生。要冷静地组织讨论，永远不要自欺欺人，认为孩子们只是"想要谈某些东西"而已。

关键要点

确保学生围绕某一课堂主题进行有针对性的讨论是一项重要的课堂管理技能。只要有信心，你就一定能够确保学生紧紧围绕既定课题进行讨论。

在此过程中，你完全可以保持冷静，有效地掌控讨论内容。当然，你必须认识到偏题发生的现象，并且迅速采取行动返回主题。即便学生的行为让你心生怒火，你也要不惜一切代价隐藏好自己的情绪。要善加利用心理学原理，假装自己根本没有注意到学生已经偏题了，借助巧妙的提问，将大家的关注点引回到讨论主题上来。

你想让教室变得丰富多彩，但苦于不会装饰

棘手情境

你的教室是否令人感到乏味呢？它是否缺乏多姿的色彩呢？它是否缺乏独特的风格呢？它是否令人感觉宾至如归呢？教室是否需要一名“装潢工”呢？

你或许已经在想：“是的，我的教室的确需要做出改观，但我不是装潢工啊。我都不知道应该从哪入手。不仅如此，装潢需要花钱。我只是区区一名教师，没有多余的钱啊！”

好消息是，装修教室无须花费过长的时间，也不用消耗太多的金钱。在某些情况下，只要重新利用已经拥有的物品，重新加以装饰，就可以令教室展现出自身的风格，焕发出无限活力。简单而造价低廉的改造，就可使得原本无聊而平常的教室，一跃成为色彩斑斓、富有吸引力的学习环境。

解决之道

以下是迅速装饰教室的一些窍门：

- 几乎每个班级的学生中都会有一两名“现成”的艺术家。你肯定知道他们是谁。请求他们的帮助。可以请他们在班级的墙上画上壁画，或者允许他们发挥特长，让班级公告板焕发活力。即便你自己的学生中没有擅长艺术创作的，也可以请美术教师向你推荐优秀的小艺术家。小艺术家们十分乐于抓住这个机遇，展示自己的才能。

- 每所学校都会有教师喜欢装饰，而且也擅长装饰。你可以和他们建立起良好的关系，寻求他们的专业意见，而且他们基本上都非常乐于伸出援手。要主动去求助！

- 在互联网上搜索教室装饰的图片。你会收获很多的灵感。请社交媒体上的教师朋友和你分享他们教室的图片。他们会感到十分荣幸。
- 请学生帮助你整理物品并加以规划，从而确保所有物品都有既定的位置和空间。
- 增添色彩，除了绘画还有很多途径。
- 将教室划分成不同的区域——阅读区、电脑操作区、功课区等。
- 铺上一块小地毯，摆上几张椅子和一张桌子，你就已经建起一个“阅读角”或者“学习站”了。
- 在教室里摆放一到两株绿植，增添一些色彩。允许学生照料植物，他们会乐在其中。
- 在墙上或者公告板上展示学生的作业，增添趣味性和色彩度。
- 几个色彩斑斓的收纳盒就能给教室增添出独特的风格。
- 如果你想添置物品，譬如豆袋座椅，不要一味出去购置。询问是否有学生愿意捐赠或者借给班级一学年的。只要你给家长们写信说明教室需要的一些物品，你就会惊奇地发现，他们十分乐于出借或者捐赠。
- 为旧书架绘上一层五彩斑斓的外衣。
- 如果你仍然需要采购物品，那么当地的廉价旧货店无异于一座宝库，你可以很好地利用旧货店帮你实现你的愿望。
- 让家长自由发挥。总有一些家长十分痴迷于电视装修节目，并且迫不及待地想在空白的墙壁上一试身手。

关键要点

只要调动起学生和一两名同事的积极性，你的教室就可以在短时间内发生天翻地覆的变化。

切记：无须花里胡哨，无须大手大脚，更无须耗费大量时间。你本来就已经很忙碌了，但是为了给孩子提供一个色彩斑斓、促进学习、宾至如归的环境你依然尽职尽责。因此，不要碍于情面而不愿求助，大家了解了你的初衷后，一定会非常愿意为孩子们做出自己的贡献。

PART 4

Instructional Challenges

教学指导带来的挑战

你不擅长使用新的教学方法

棘手情境

你成长在“美好的旧时光”中。学生们都很听老师的话。教室里从来都是安详静谧的。教师们对所有学生的教导方式基本都一样。课桌干净整洁，整齐地摆放在教室内。周一开始上课，周五进行总结。没必要为了任何学生因材施教。学生们要么能够跟上老师，要么就会逐渐落后。绝大多数人采用的都是老一套的教学方法：教师讲课——阅读课本——阅读之后回答问题——完成练习——复习——然后考试。一切都井井有条，简单明确，而且不会让人产生压力。

今时今日，你的世界与小时候相比已经发生了翻天覆地的变化。科学研究已经帮助我们深刻理解了“大脑如何才能最大限度地进行学习”这一问题。这让过去诸多的教学方法看起来愚蠢至极——至少以当今的眼光来看的确如此。教学技术也发生了极大的改变。

偶尔，你会渴望自己回到那“美好的旧时光”中。你甚至会为过往的教学方法辩护，你会说：“我当年就是这样学习的，对我来说效果很好。”你发现，自己的教学方法基本上与老师当年教育你的方式相同。而且你并不孤单，你的大部分同事也都是这样做的——绝大部分人。

为什么如此多的教师会使用自己曾经受教的方式去教导学生呢？这样做一定效果不好吗？当然，这要根据具体情况而定。很多久经考验的教学方法既适用于多年之前，也适用于今时今日。还有一些方法则无法承受住时间的考验。让我们直面现实吧。

以下是教师之所以使用自己曾经受教的方式去教导学生的常见原因：

- 他们对旧方法比较熟悉。他们见识过，实践过，也因此对其产生了感情。使用熟悉的方法去教导学生已经成了一种习惯，而习惯是很难打破的。

- 旧方法比较简单。使用同样的方法教导所有的学生，要比针对不同的学生因材施教更加轻松。

- 学习新的教学技术会逼迫教师走出自己的“舒适区”。这是令人感到十分恐惧的一种情况。

如果你是因为上述原因而使用自己曾经受教的方式去教导学生，那么你无须苛责自己。你只不过是一个普通人而已，但你仍然要不断地挑战自己，对于新一代的学生而言，或许存在着更加有效的教学方法。

解决之道

首先，请真诚对待自己。你是否使用自己曾经受教的方式去教导学生呢？如果答案是肯定的，那么原因是什么。对于这一问题的回答能够提供非常有价值的信息。你是否和许多优秀教师一样，在使用诸多创新性方法的同时，能够结合使用那些经受住时间考验的经典方法呢？如果答案是肯定的，那么你就应该继续坚持下去。如果你使用旧方法是因为你对它们感到熟悉而且舒适，那么你就应该重新思考一下自己目前使用的教学方法。不要感到恐惧，不要觉得不可忍受，没人会强迫你从明天上班开始就完全改变自己的教学方法，而且你也不应该如此。

小进步能够实现大改变。请遵循以下的步骤，从而更新自己的教学方法、提升教学效率：

- 向值得信赖的同事寻求建议。没有哪两名教师是完全相同的。每名教师身上都蕴藏着宝贵的资源——但是这些资源往往没有获得充分的开发。优秀的教师总是在向他们的同事“祈求、借鉴和偷师”。

● 与新教师交朋友。双方可以互相学习。刚刚毕业、走出校门的教师往往都拥有较为新颖的理念和教学方法。同时，这些新教师又都十分渴望去学习借鉴你的智慧和知识。这才是千真万确的双赢。

● 在互联网上搜索如何教授你的课程内容，你会发现超出自己想象的大量灵感。不要囫囵吞枣，贪多求全。花费几分钟时间，找出对于你和学生都可行的方案。不要完全抛弃自己的方案，只需做出调整。

● 养成“每天尝试一种新教学方法”的习惯。如果你发现自己马上就抛弃了很多以往的教学方法，也不要大惊小怪。如果你发现自己仍然坚持一些以往的教学方法，也不要大惊小怪。

● 向自己的学生学习。向他们询问他们是否乐于尝试一些新方法，他们感觉怎样学习效果会更佳。虽然学生们往往并不知道什么才是最好的教学方法，但是对于“教师应该如何协助他们”这一问题则巧思无限。

● 迅速评估“谁在一直说话”。如果你意识到自己总是喋喋不休而学生则缄默不言，那么就需要三思。当今时代，课堂应该增强社交性，并且具备高度的交互性。学生的发言至少要跟教师一样活跃。

● 不要抵触科技——要去“拥抱”科技。同时在自己的教学过程中融入科技（并逐渐增加其比例）。学生自然乐在其中，难道不是吗？

● 利用社交媒体从校外的同事那里获得灵感。

关键要点

● 使用自己受教的方式去教导学生，如果仅因为其难度较低，那么一定要三思而后行。

● 老习惯极难改变。所以不要勉强自己，或者给自己增加不合理的负担。每天尝试一种新的教学方法。这完全可行。

● 从教授同一科目或者同一年级的同事处寻求灵感。这不仅不会让你显得工作能力不强，反而会塑造出你“走在教学领域前沿”的形象。

- 某些过往的教学手段至今仍然适用，某些则已过时。
- 教学应着眼于现在和未来，而非过去。如今的学生生活在当下的世界中，我们应帮助他们准备好如何应对他们未来的世界，而非我们的过往。

新科技让你无所适从

棘手情境

你是否曾经面对现代的科学技术而感到无所适从呢？是否感觉到自己刚学会使用一部新仪器，该仪器就已经过时了，又不得不去学习更新的仪器？你是否时常感到自己的学生在科学技术上比你更加擅长呢？如今，很多孩子连自己独立吃饭都还没学会，就已经开始使用智能手机了！

如果你感到无所适从，那么你绝不孤单。研究发现，很多教师在面对日新月异的新科技时，往往感到过分紧张。

毫无疑问，科技已经改变了我们教导学生以及学生开展学习的方式。科技为教师和学生打开了一个全新的世界。因此，把头深埋在沙子里，幻想科技退出历史舞台的日子已经一去不复返了。

如果你发现自己无法跟上科技进步潮流，不妨先静下心来好好想想。首先，要了解到面临同样情况的不止你一个人。其次，要知道想要成为学校最优秀的教师，并不一定就非要成为最了解科技应用的人。但是，假如你对教学、学习以及科技领域的进步视而不见，那么你注定无法成为优秀的教师。

以杰克为例。杰克自称是一名科技“达人”。他拥有最新潮的科技设备，知道如何使用最新版本的软件和操作系统，还会组装电脑。但是，他非常缺乏人际沟通技巧，无法与学生建立起密切的联系。结果，半年之后，他就辞去了教职。所以，必须认识到了解了科技也并不一定能够成为一名优秀的教师。

过去那些优秀的、经历过时间考验的教学方法仍然不可或缺。但同时，你还应意识到，你不可以完全依赖于几年之前所掌握的方法。

时代在改变，你必须加以调整，与时代共同进步。

解决之道

在一个时刻变化、科技高度发达的时代，想要保持一种健康的视角，可以采纳以下建议：

- 不要奢求面面俱到。你无法做到这一点。但是务必学习那些能够影响到课堂教学的科学技术。每周可分配一到两个小时的时间用于学习新技术。
- 首先要明确学校的具体要求（或许你所在的学校要求教师必须掌握某一新软件或者手机程序）。首先完成学校的要求，之后再运用自己掌握的科学技术或者理念去提升教学质量。
- 如果学生对某一仪器、程序或者工具的了解程度远超于你，那么就应该通过多种方式让他们教导你。
- 寻求科技“达人”的支持，请求他们为你提供必要的帮助。
- 尝试学习新科技，但是要富有耐心。允许自己犯错误。感到迷茫、犯难或者无所适从时，积极寻求他人的协助。要做到教学相长。
- 不要为了使用科技而使用科技。科技的运用方式必须能够提升教学及学习质量。

关键要点

如今的教师会使用现代科技来提升工作效率和授课质量，与学生建立起更加紧密的联系，并且拓宽学生的学习机遇。只要你持续进步并且不断学习新事物，你就已经足够优秀了。事实上，你无法掌握所有的前沿科技，没有人能够做到这一点，但是对于某些能够影响并且改变教学与学习的科技，还是应该积极学习。尽管如此，切记，不要让日新月异的时代和科技压倒你、让你无所适从。一定要让科技为你所用。

学生在考试中成绩欠佳

棘手情境

某天放学之后，一位中学教师正在同另外两名同事交谈。他说道：“我不知道是怎么回事。星期三的时候，我给学生布置了一次考试，结果很多人都没及格。就算是那些平时及格的学生分数也不太高。是我的原因吗？”两名同事随即表达了自己的观点，他们的分歧不小。

- 同事甲：如果大多数人都不及格，那就整体修改成绩吧。我就是这么做的。
- 同事乙：这个嘛，如果大多数人都没有及格，那可能只是表明学生还没有真正掌握该测验内容。如果是我面临这种情况，我会反思自己，首先从我的教学工作寻找原因。

学生考试成绩不佳的原因有很多。但是，如果绝大多数学生都成绩欠佳，那么这一警示信号或许是在提醒我们，我们的教学工作尚不完备，而且测试时间过早。

难题38

解决之道

倘若绝大多数学生的成绩都不好，那么教师首先应该从自身寻找原因。如果你接受了同事甲的建议，给学生们调高分数，那么你或许能够取悦他们。但是，如果他们仍然不理解考试的内容，那么你仍然需要重新进行讲授，然后重新进行测验。

在绝大多数学生成绩都不好时，教师须对下列问题进行判断：

- 我是否详细讲解了考试的知识？
- 正式测试之前的非正式测验的结果，是否提示过我的学生并未做好被测验的准备？我是否组织过非正式的测试？

- 正式测验之前，我是否为学生提供了足够的练习时间，以掌握考试内容？
- 试题内容的形式与我教授课程内容的方式是否一致？

这些问题的回答可以提供十分有价值的信息。通常情况下，我们都将意识到，学生之所以成绩不佳，是因为并不熟悉试题的形式。所以，考试结果事实上并未反映出学生的理解水平。举例来说，一位小学教师就曾经说过：

每周我都会安排学生进行拼写测验。每次拼写测验中，学生都要拼写十五个单词。待考单词会学习整整一周，师生共同练习单词拼写及造句。学生完全知道测验中会考哪些单词，不会出现学习内容与考试内容不一的情况。一般情况下，他们在拼写测验中的表现都很优异。这一周，超过一半的学生都没有及格。我马上就意识到这是我的错误。之前我都是在一页纸上印下“一”至“十五”的编号，然后我读单词，学生听写。这一次，我改变了试题形式。对于每个单词，我都给出了四个选项，其中只有一个选项的拼写是准确的。学生必须选出拼写正确的选项，并在上面画圈。考虑到正确拼写的单词已经印刷在试卷上了，我本以为这会是相对而言更加简单的测试，我完全没有想到这种考试形式会让学生感到如此困惑。此次考试分数仅仅是考生疑惑的一种反映，所以我暂时放弃了这种考试形式。这并不意味着将来我会完全放弃这种考试形式，但是在考试之前，我会按照考试的形式去教导学生。

众所周知，不是所有学生在所有考试中都能够取得优异的成绩。如果成绩欠佳的学生寥寥可数，那么教师无须责备自己，对这一小部分人多加关注，进行“矫正”即可。但是，如果绝大多数学生成绩都不好，这就意味着学生尚未做好被测验的准备，或者考试形式与授课形式不一致。

关键要点

- 当多数学生的考试成绩都欠佳时，必须确定其原因所在。
- 当学生成绩普遍较差时，要克制自己调整分数的冲动。如果学生仍然不理解考试的内容，那么你需要重新进行讲授，然后重新进行测验。
- 针对待测试的技能，为学生提供大量的练习机会。
- 在教学过程中，持续性地安排非正式的测验，以便确定学生何时做好了被测验的准备。
- 考试的形式与授课的形式应该保持一致。

布置作业让你困惑不已

难题39

棘手情境

作业，对绝大多数学生而言是一个极其不受欢迎的词语，对于诸多家长而言是一个令人不安的词语，对于教师而言则通常是一个令人困惑的词语。应该留多少作业，留哪种类型的作业，如何令学生切实做好作业，作业是否对学生有益，这些问题都令教师纠结万分。如果你查阅关于作业的科研文献，你会发现，研究结果相互矛盾的现象十分明显。某些人坚决支持留作业，某些人则极力反对。不过，绝大多数研究者都一致认为：作业不应该过量。可惜，没有人能够确定学生每天放学返家之后，应该做多长时间的作业。不过，可以肯定的一点是，如果作业的负担过重，那么大多数学生的反应必然是拒绝完成。某些学生并不理解作业内容，因此会产生强烈的受挫感和无力感。有些学生完全理解作业内容，但这也并不意味着他们乐在其中。事实上，理解了功课内容的学生，对于反复做自己已经掌握的题目也十分反感。

为了解疑释惑，首先让我们审视一下作业的真实目的。作业的真实目的是给课堂中已经讨论过的内容提供练习。从逻辑上而言，只有勤加练习新技能，才能在相应领域取得进步，并且最终达到精通的境界。所以，作业的一个合理目的就是帮助学生练习在课堂中掌握的技能。作为教师，你希望学生在放学返家之后，经过练习，能够对所学知识掌握得更加纯熟，并且以这种状态迎接第二天的学习。

那么，我们在哪里犯错了呢？如果说，布置的作业消耗时间过多，或者令学生感到迷惑不解，或者需要学生去自学那些在课堂上没有进行透彻讲解或讲解不够充分的知识，又或者学生认为作业内容与所学

业就是不合理的。试想，如果学生在

行错误的练习，教师就不得不去纠正

布置的作业不仅恰如其分而且对学生

下问题：

课堂上所学的知识进行练习？

？

质量的高低，给学习成绩较差的学生补

展，同时调整自己的教学方法呢？

其他教师也会给学生布置作业这一事

并不是学生需要完成的唯一作业。哪

进行练习，必须经过你的精挑细选。

到最短。孩子们需要时间去玩耍。

，都要自问：此次作业的目的是什么？

作业应该布置哪些内容，甚至是否应

该布置作业。

关键要点

- 作业的目的应该是练习课堂中所教授过的知识和技能。
- 作业应该让学生感到能够迅速完成、在自己的能力范围之内并且富有意义。
- 某些教师会因为学生未按时上交作业而对其施加惩罚。这属于教师的职权范围之内。但绝不应该让作业影响到学生的学习进度。

- 作业应维持在“最少”状态。另外，不要每天都布置作业。切记，学生每天待在学校的时间已经够长了，他们应该拥有属于自己的时间。

你不知道怎样出一套合理的考试题

棘手情境

试想，你正在向学生教授简单加法——十以内加法。你已经教了一周，学生看似已经掌握了相关概念。他们每晚回家之后，还要额外练习二十道相关题目。在课堂上，你也安排了多次练习。孩子们整周都在数教室内物品的数目。如果你把两个苹果放在一名孩子的课桌上，然后再加上一个，孩子能够告诉你他的课桌上一共有三个苹果。他学会了！当他看到1+2=__时，可以正确地说出答案“3”。之后，你问道：“莎莉有一个苹果。蒂姆给了他两个苹果。莎莉现在有多少个苹果了？”假设学生无法解答这一问题，你也无须吃惊。因为学生从来都没有解答过文字形式的加法问题，所以无法使用推理将文字问题转化为“1+2=3”的算式。他们将感到迷惑不解，甚至无所适从。但是，这并不意味着学生无法进行十以内的加法运算。他们只不过是对于问题的呈现情境感到困惑而已，这对他们而言是完全陌生的体验。在以某种形式对学生进行测试之前，必须以相同的方式进行教学。

试想，你是一位篮球教练。你正在教球员如何单手上篮。你示范了单手上篮的必备技能，你教授了动作要领，你们进行了讨论，你还与球员共同进行了练习。之后，你允许他们自由练习，同时你从旁进行指导。整个一周的时间，你们都是如此练习的。现在，到了测试的时间了。对他们进行测试的最佳方式是什么呢？最好的方式就是让他们使用单手上篮的方式投球，展示自身的才能。针对单手上篮给他们出多项选择题或者判断题有意义吗？书面测试对球员来说是否合适呢？即便球员通过了书面测试，是否就意味着他们也能够在真正的篮球场上借助单手上篮得分呢？而且，一位十分擅长单手上篮的球员，难道一定会在单手上篮的书面测试中及格吗？可惜，这恰恰是我们某些情况下在课堂上的荒唐做法。我们进行测试的方式与教授知识的方式大相径庭。或者，测验并没有显示出学生的真实能力，我们却根据考试成绩去评判一名学生的优劣。我们为学生讲授语法课程，之后却让他们在考试中回忆语法规则究竟是什么。即便学生能够记住所有的规则，教师也无从判断他在写作中是否能够自如地运用这些规则。那么，你如何判断自己所设置的考试题是否合理呢？

解决之道

以下是设置合理考试题目的一些要点：

- 首先，要在头脑中明确测试的终极目的。开展教学工作之前，就要知道自己想要测试哪些内容。换言之，每一堂课的教学目的都要十分明确。要确切地知道你希望学生在上某一节课或者学习过某一单元之后能够掌握哪些知识和技能。
- 每节课上课之前，都要明确地告诉学生，他们将学习哪些内容以及测试的具体形式。授课期间，你可以通过个人观察、评判作业以及提问等方式来衡量学生的理解水平。这种教学方式能够让你掌握学生何时做好了参加测试的准备。
- 在测试中设置令人困惑的题目时须慎之又慎。多项选择题的测试结果实际上很难说明学生掌握并且理解了哪些内容。这种题目设置起来很容易，判分也很容易，但学生会感到困惑。
- 设置的测试题目要促使学生必须去解释或者证明自己所掌握的知识。同时，要确保在正式考试之前，他们曾经进行过相似的练习。
- 切记，只要学生清楚地知道自己的学习水平以及考试的形式，那么考试焦虑的程度将大幅降低。
- 不要在测验中设置令人意外的题目。而且在判分时应该仅关注自己的测试对象。譬如，学生在科学考试时，不应该因为拼写或者语法错误被扣分。并不是说拼写和语法无关紧要，而是因为它们并非考试的主题。教师可纠正学生的拼写和语法错误，但是不能因此扣分。

关键要点

了解自己的目标，确保学生知道这些目标，为学生提供学习效果的反馈，并且以这种方式进行测试。不要“题”出惊人。这并不意味着教师不能增加测验的难度。“增加难度”与“困惑不解”完全是两回事。学生永远都应该知道自己将被测试哪些内容以及测试的形式。

学生的水平千差万别

棘手情境

开学第一天，你的学生兴奋地来报到了。在这一学年中，你的工作就是要激励和启发他们，同时让他们学到更多的知识和技能。你马上意识到，学生的能力水平、兴趣偏好、个人经历和行为表现千差万别。尽管如此，所有学生都需要得到你的教导，发掘出他们最大的潜力。很难吧？的确如此。不过，任何教师都知道，能力水平完全相同的学生是不存在的。即便同卵双胞胎也无法真正做到完全相同。不过你却必须面对这样一个教室，里面的学生来自不同的家庭和不同的背景，能力水平、兴趣爱好与个人经历完全不同。你的任务就是要面面俱到、教导每一个人，帮助他们学习，激励他们成功。你如何才能做到这一点呢？

如今，回答这一问题的术语就是“差异化教学”。它意味着教师应该确定学生已经掌握了哪些知识，他们希望学习哪些知识，他们对哪些知识感兴趣，以及如何才能获得最佳的学习效果，然后再以学习效果最佳的方式去教导学生他们应该掌握的知识。换言之，我们要根据学生进行调整，我们要以他们能够学习到知识的方式进行教学，而不能期待他们按照我们的教学方式进行学习。

虽然这一主题的内容足以写成一整本书，但是，我们在这里只会用一个简单的比喻对其稍作阐释。不妨将你的课堂设想为一个游泳池。你是教练，你正在教一群六岁的孩子游泳。这就是目标——教会孩子游泳，让他们能在水中自由来回。授课第一天，你会发现，没有哪两名孩子的水平完全相同。有几名孩子游得非常棒，即便把他们扔到深水区，也没什么危险。有些孩子可能危险不大，说明他们已经掌握了一些游泳技巧。还有一些孩子则完全不会游。但是，就算那些能够浮在水面上的孩子，也不能让他们单独在深水区自行活动。尽管如此，对这些孩子来说，如果对他们滔滔不绝地讲授“如何憋气以防止呛水”，也是无聊透顶的。但他们还是需要一些小技巧帮助他们实现水平的提升。

所以，你一开始首先要让孩子们向你展示他们已经掌握了哪些技巧。你组织大家讨论每个人的经历，让他们展示自己能够做什么。你还要组织所有孩子，对水中的安全问题进行讨论。之后，你让一组学生迅速练习某一划水动作或者更加高级的一种呼吸技巧；另外一组去练习相对更加基础的一种呼吸技巧；还有一组学生跟着你，看你演示如何憋气并且迅速将头放入水中。你会轮番到各个组，提供指导，进行测试，回答问题，等等。之后，你让学生两人一组，给他们提出一些基本问题，供其讨论。在此活动中，你会让泳技更好的孩子与相对更差的孩子组成一个小组。这样做是否比较合理呢？

某些孩子刚进深水区时需要穿救生衣，这也无可厚非。一旦他们习惯了水中的环境，并且技能有所提升，你就可以陪伴在他们周围，一起游泳，然后让学生试着脱下救生衣。很快，学生便不再需要你的协助了。这才是高效的教学。最后，每个孩子都学会了游泳。作为一名教师，你必须帮助学生学会各种技能。

你是否能将上述理念引入自己所教授的课程当中呢？

解决之道

以下是满足不同学生需求的一些方式：

- 设置多种多样的教学活动。
- 让学生有所选择。在某些情况下，在教授新技能时，你可以为学生提供诸多选项。

- 让学生发表自己的观点。聆听他们，并且观察他们。了解他们最佳的学习方式。

- 在课程中要尽量开展涵盖视觉、听觉、味觉等元素的教学活动。

- 教师要时常进行小组教学，但小组成员的划分应较为灵活，也就是说不要简单地将学生分为高、中、低三组。虽然某些情况下可以根据学生能力划分小组，但是其他情况下，也可以根据学生的兴趣、能力的差异性而非能力的相似性、个人经验以及其他标准进行划分。不应该让某一学生每次都被分配在同一小组当中。

- 切记，没有哪名学生能够按照他人而非自己的水平等级学有所成。因此，要先判断每名学生的“起点”位置，然后再开展教学工作。

- 从小处着手。如果你并不习惯用上述方式进行教学，那么你可以学习一下游泳新手的做法：先把自己的脚沾湿。或许，你可以首先在自己的日常教学中加入一种全新的教学活动。如果你觉得这样做的压力也比较大，那么就每周尝试一种新的教学活动。不论如何，都要马上采取实际行动。

- 最大限度地利用现代科技。电脑技术的大幅发展，使得教师可以安排学生自行在计算机前练习特定技能，以自己感到舒适的节奏进行学习，与此同时，教师可指导其他学生。

- 准备每一节课时，都要事先针对不同水平的学生设置学习材料。如果有一名学生的水平比较高，那么当你指导其他水平相对而言不那么高的学生时，要确保高水平的学生有可以学习的材料。这并不意味着你应该任由水平高的学生自学。他们仍然需要获得你的指导。但是很多情况下，高水平的学生相对于那些需要练习某一特定技能的中低水平的学生而言，他们独立完成作业的能力更强。

- 寻求他人的帮助，借鉴他人的工作思路。

关键要点

你教学生知识，实际上就是在教导自己的学生在学习、思考以及问题解决当中学会“游泳”。他们到达终点的方式千差万别，但最终结果总是大同小异。是的，某些学生或许会成为竞争力更强、获奖无数的游泳健将。其他人则偶尔可以在泳池上成就荣耀。但是，只要任何一个学生跌入深水区后，都能够安全到达池边，那么作为教师你就已经大功告成了。

学生无法长时间专注于一项学习任务

难题42

棘手情境

看电视的时候，你是否经常换台呢？即便不着急赶路，坐在汽车里的你仍然感到十分焦虑吗？与他人聊天的时候，你是否发现自己心不在焉？你是否根本无法长时间静坐呢？你对以上问题的答案也许都是肯定的，因为即便是没有任何注意力缺陷的成年人，也很难连续保持数分钟的注意力集中状态。可是，很多成年人却苛求孩子长时间坐在椅子上专心学习。这种情况在校园中也十分常见。

我们曾经观察过一位教师，他的学生根本无法长时间专注于一项学习任务。每节课开始时，他都会长篇累牍地介绍自己将要讲授的概念。师生之间全无沟通。听起来就像他在朗读剧本一样。很多学生两分钟之后就心不在焉了。接下来，他会给学生布置作业，他在自己的教学计划中预计这将花费二十分钟。前十分钟，他会逐个提醒每名学生，督促他们学习，针对有关概念回答相应的问题，其实很多学生在他解释各概念时就已经心不在焉了。最后，他不得不说道："看起来我还需要再给你们讲讲。"接着，他会再次对相关概念进行解释——又一次重复自己的话。这一次，从一开始，学生就已经心不在焉了。之后，他又会去督促学生——接下来，相信你已经能猜测到课程的走向了。

课后，该教师对我们说："你们有没有注意到，学生根本就不认真听课啊？你们有没有听到我提醒了他们多少次？"然后，他开始自言自语，抱怨学生不配合。观察过这位教师三次之后，我们发现了他在教学中的不足之处：

- 对概念的解释时间过长，太过无聊。
- 课堂上没有安排能够提高学生参与度的课堂活动。

- 单一的教学活动耗时过长。
- 学生很少主动地参与到学习当中去。
- 课堂活动缺乏趣味性。
- 教师对自己的课程没有激情。
- 授课内容安排过多。

事实上，只要采取一些很小的技巧，就可以带来巨大的改变，从而提升学生的注意力和学习水平。

解决之道

首先，要认识到学生很少能够集中注意力——不论时间长短——除非有一些事情中断了教学活动，并且重新吸引了学生的注意力。譬如，在解释某一概念的时候，你首先可以将其进行分解，并提出一些能引发学生学习兴趣的问题。之后，你或许可以让某一学生帮助你展示教学内容。你或许可以组织一次提升学生学习兴趣的讨论。你或许可以讲述一个既与你有关又与所讲内容有关的故事。你或许会允许学生以小组形式进行学习。你或许可以让他们根据相关话题进行网络小调查。

此时，你可能会自问："当学生要完成耗时较长的课业时，我应该做些什么？课业活动会花费十几分钟的时间。"是的，确实会花费很长时间。所以，你要对课业活动进行分解。每隔几分钟，就要向学生提出问题，或者为他们提供一些需要思考的内容。这样做并不会影响他们的专注程度。相反，你是在帮助他们保持注意力。

最关键的是，你要让教学活动不断变化。电子游戏的制造者很久之前就认识到了这一点。正因如此，游戏才分为不同的关卡，每一关都包含不间断的活动以及逐渐提升的复杂度。先从小处着手，吸引到玩家的注意力，然后让他们乐在其中、不断挑战，之后再让玩家竭尽全力、做到最好。优秀的教学工作也应如此。

关键要点

学生集中注意力的时间很短。因此，要将教学活动分解成一些个小部分，对每个教学活动进行解析，然后再增添趣味、挑战、幽默以及其他能够吸引学生注意力的任何元素。为了成为一名优秀的教师，你从课程一开始，就要抓住学生的注意力，然后让他们持续体验到激动万分、获得成功的感觉。走出教室的那一刻，如果你惊讶于居然这么快就到了下课的时间，那么你就已经成功了。

学生不参与课堂讨论

棘手情境

你的学生是否都会积极主动地参与到课堂讨论中来呢？你的班级里是否有一些学生总是乐于参与讨论，有一些学生偶尔参与讨论，还有一些学生永远不参加讨论呢？珊娜是一位年轻教师，她就面临着类似的挑战，她曾经说道：

我就是没有办法让自己的学生参与课堂讨论！每次发言的似乎永远都是那几名固定的学生。其他人在我提出问题的时候甚至都不敢和我有眼神交流。某些学生永远都不会主动回答问题或者提出问题。他们就只是干坐在那里。我一直不认为如今的孩子懒惰或者对学习不上心。所以说难道一切都是因为我吗？我很担心，当别的教师来听课时，他们会认为我的课堂缺乏互动，从而留下不好的印象。同时我还很担心自己的学生，我希望他们能够积极主动地参与课堂讨论。

珊娜所面临的挑战极其常见，而且并不仅限于新教师。我们对珊娜的授课进行观察过后发现，她仅组织了一次讨论，就希望学生主动地参与进来。正如珊娜所说，某些学生的确会这样——永远是那少数的几个人。其他人则不会让珊娜如愿——至少不会主动参与并且自愿回答问题。

学生不参加课堂讨论的原因有很多，譬如：

- 他们害怕自己回答错误，让自己在同学和教师面前感到尴尬。
- 他们对讨论题目缺乏了解。
- 他们虽然了解讨论题目，但会因为在众多同学面前演讲而感到不适。
- 他们认为讨论十分无聊。

珊娜没有意识到的是，主动让学生参与课堂讨论，并使他们切实乐在其中，其实有很多方法。我们与她分享了很多方法，在亲身实践之后，她妥善地解决了自己的问题。

解决之道

我们曾经观察过一位教师,他可谓掌握了“帮助学生参与课堂讨论”的艺术。以下是他的做法：他会准备一个杯子，里面装满了写有学生姓名的雪糕。讨论开始之后，他会将每两名学生分为一组，然后告诉他们：“我会提出一个问题。然后给你们一点时间，让你和搭档进行讨论。之后，我就会抽出一支雪糕，并且让相应的学生回答问题。”如此一来，他就给了学生一个事先思考讨论的机会。这使得学生不会因为不知道答案或者不完全了解讨论问题而感到尴尬。

另外一位教师说，他会将学生分成一些小组，然后由小组共同给出问题的答案。还有一种技巧就是让所有学生都伸出拇指。学习某一知识点时，可以提出问题，然后说：“如果你同意，就竖起大拇指；如果你不同意，就将大拇指朝下。”这种方法既能够让所有学生都参与其中，而且能够使教师随时掌控学生对知识点的理解情况。

我们曾经观察过一名教师，他的方法是使用可充气的小球。教师提出问题之后，就会将球扔给学生。如果学生想要答题，就接住球，否则就将球“传递”给其他学生。

关键要点

当学生参与课堂讨论不积极时，你可以使用我们所分享的技巧。切记：你的热情程度会直接影响学生的热情程度。当然了，你还须小心翼翼，不要让那些对知识点掌握不到位的学生感到尴尬。

切记，要对学生参与讨论的态度加以鼓励，不可过分执着于纠正学生的错误。我们希望所有的学生都积极参与课堂讨论，但是，如果一个人心有顾忌，就不可能主动地参与到任何事情当中。另外，请切记讨论需要充满活力和趣味，其主题应该与学生的现实生活紧密相连。

你不知道如何奖励学生

棘手情境

在我们组织教师培训的过程中，曾经有一位在工作中备受挫折的教师向我们求助。他说："我曾经尝试着去奖励学生，但是效果非常差。学生还变本加厉，如果没有奖励，他们就什么都不去做。作为学生，有些事情本身就是应该去做的，我可不会因为这个去奖励他们。"

与这名教师深谈之后，我们发现他所谓的奖励更多的是"贿赂"。如果学生不专心听讲或者行为不端，他就会说："好吧，只要大家现在马上开始认真学习，那么下课之后就可以拿一颗糖。"同时，他还采取了大量的"威胁"、"贿赂"和"负性强化"行为。当他预料到学生在某一情境下可能行为不端时，他可能会说："今天校长要来听课，如果大家专心听讲、踊跃发言，那么周五的时候我们就可以开联欢会了。"好吧，这样做会让学生接收到什么样的信息呢？"给我们奖励，我们才好好表现，但前提是你必须给我们奖励。"换言之，"没有奖励，就没有好的表现"。不恰当的奖励总是会产生事与愿违的后果。对于这名教师来说也不例外。尽管如此，这名教师却承认自己的这些行为产生了不少"激励性"结果。譬如，自己的工资、假期、教师感恩周收到的礼物、校长对他的褒扬、家人对他的赞赏等。我们问他，工作是否仅为了一张支票，他答道："不，我认为自己教书是为了让世界发生一点改变，至少那是激励我前行的一部分原因。"我们问他，如果没有工资是否还想继续工作，他答道："当然不想了。"他赞赏了自己的校长："他是个积极向上的人，总是能够恰当地表示出自己对教师的赞赏。"之后他又说："哦，我明白你的意思了。你是说学生也喜欢受到赞赏，即便他们只是做了自己应该做的事。"没错，就是这样！

受到他人赞赏是一件美事，因为优异的工作而受到奖励更是一件美事。当然，奖励并不总是限于实际的物质奖励。在某些情况下，奖励可以是无形的——感激或者赞扬的话语，或者仅因为达成某一成就而获得的满足感。

切记，只要存在激励，我们就会更加努力地工作、更加卖力地表现，这是人的本性，无论儿童抑或成年人都是如此。奖励能够激励我们奋发向上或者表现良好。奖励学生本身无可厚非，前提是你必须审慎并且恰当地使用它们。

切忌将奖励作为“大棒”使用。换言之，不要在实施奖励之后，又利用其去威胁学生。这将大幅降低奖励的价值。

解决之道

以下是优秀教师对学生加以恰当奖励的一些方式：

- 多说“谢谢”，但前提是出于真心，即学生的行为值得你说出这句话。“谢谢大家按时提交了作业。”“谢谢大家在我去走廊的几分钟的时间里保持了课堂的安静。”

- 恰当地表扬学生。“你对自己的自然科学作业解释得非常好，同学们都能够理解你。”“你在这段话中使用的形容词，让我感觉自己品尝到了美味。”

- 使用偶然性激励。“任何人只要能够在本周上交作业，他就不需要做接下来的作业了。”“任何人只要到月底都没有消极的行为记录，就可以从宝物箱中选一件礼物。”“只要你们阅读了清单上的一本书，就可以在表格上打一个对钩。集齐六个对钩之后，你们就可以获得________（教师可自选奖励项目）。”

- 尽己所能地注意到学生所做的好事，并且予以褒扬。只要你多多关注积极的行为，你就会发现更多积极的行为。反之亦然。

- 给学生奖励贴纸。此方法适用于任何年龄段的学生。可以将贴纸贴在作业本或者学生的手上。学生非常喜欢贴纸，而且贴纸物美价廉。

- 将学习游戏作为一种奖励。“既然大家今天这么刻苦地学习，那么我奖励大家玩一个________游戏。”其实，所谓的“游戏”只是另外一项教学活动，只不过学生会视其为好玩的游戏。

以下是奖励的一些方式：

- 可食用的美食。
- 教师写给家长的表扬信。
- 教师写给学生的表扬信。
- 竖起大拇指。
- 言语褒扬。
- 奖励券，可用于获得额外的分数、自由的时间或者无须参与某一教学活动的权力。
- 额外的上网时间。
- 为教师跑腿的机会。
- 贴纸、钢笔、铅笔以及物美价廉的小礼物。
- 荣誉证书。
- 额外的玩游戏时间。
- 与朋友共同学习的机会。

关键要点

所有的教师都希望自己的学生表现优异、刻苦学习，并最终获得成功。为了实现这一目标，优秀的教师通常都会使用奖励——既包括有形的奖励，也包括无形的奖励。尽管如此，他们并不会将“贿赂”作为一种奖励，也不会在自己的奖励计划中设置特别消极的手段。

在优秀教师的课堂中，学生会珍视奖励，但不会凭空加以期待。在赞扬、欣赏、奖励、尊重、积极的关系以及刻苦学习之间，优秀教师总是维持着完美的平衡。

无论我们年龄多大，都无法抵挡赞赏的话语和微笑。

你只提问那些已经知道答案的学生

棘手情境

上级领导告诉你他这周要去听你的课。你还有两天的时间做准备。你希望做到最好，而且也希望你的学生做到最好。

备课期间，你谋划了那些学生参与度很高的教学活动。课程内容已经准备完毕，你也做好了准备。你的领导莅临了。

难题 45

课程进展得非常顺利。在讲授并且示范了一项新技能后，你开始组织学生讨论。你提出了一个问题，然后你马上就提问了一名你确信他知道正确答案的学生。接下来的一个问题，你又故技重施。一而再，再而三，你知道自己的伎俩——你只是在提问那些知道答案的学生而已。这会证明你的教学很成功，对吗？其实不然。

试想，对于你所教授的课程内容或者技能，如果学生已然知道了答案，那么你进行教学的意义又何在呢？去教授孩子们已经知道的知识难道不是多此一举吗？当然了，你很清楚，并非所有的孩子都知道答案，但是听课的领导并不了解这一点。这样做并不会让你看起来能力超群，相反，它会显得你对学生真实的需求一无所知。

解决之道

不论是否有人听课，对于那些可能说不出正确答案或者掌握不了新技能的学生，你不要不敢提问他们。这是你区分哪些学生掌握了新知识、哪些学生未掌握新知识的绝佳契机。这也是你利用自己的教学技巧讲解不正确答案的时机。请一定要让学生知道，即便说出不正确的答案，也无可厚非。要让自己的学生感到，无论发生了什么，他们都可以在你的课堂上大胆尝试、积极参与。

在你深入了解哪些学生掌握了新知识、哪些学生未掌握之后，你就会知道哪些孩子需要补课。于是，你在给其他学生安排好作业后，就可以迅速而及时地为那些没掌握新知识的学生补课。不仅如此，这样做还会让你得到绝大多数学生的喜欢。

关键要点

领导听课时，教师只提问那些知道答案的学生，实属人之常情。但请切记：如果学生已经知道了答案，那么你就是在浪费他们宝贵的学习时间。为了确定整体的学习情况，优秀的教师会提问所有的学生。如果所有人都掌握了新知识，那么就继续讲解下一个知识点。如果某些学生掌握而其他学生未掌握，那么就为那些并未掌握的孩子进行补课。如果所有人都没掌握，那么就应该反思自己之前的授课方法，然后尽最大努力改善自己的授课方法。

学生提出了问题，但你不知道答案

难题46

棘手情境

你正在授课，学生兴趣盎然地参与课堂讨论。一名学生举起了手，提出了一个跟讨论主题相关的问题。你却完全不知道答案是什么。究竟该如何应对，你的思绪飞快运转。

你很快就构思出了三种应对方法：（一）你可以说："这个问题问得非常好，但是我不想直接告诉你们答案。我想要看看谁能够最先找到正确的答案。"然后，你就组织学生积极地寻找答案。第一个答对问题的学生，即可获得额外的加分。（二）你可以说："这就是我今天想给大家布置的作业。"于是，这个问题巧妙地变成了家庭作业，学生需要在家里找出该问题的答案。你同样也可以回家找答案。（三）你可以说："很棒的问题。老师也不知道答案是什么。让我们一起找出答案吧。"然后带领全班学生一起寻找答案。

解决之道

你应该选择哪种方法呢？你很担心第三种方法会让你看起来显得不够聪明或者能力欠佳。事实上，这种想法并不正确。让学生发现你并非全知全能的人并不是坏事，事实上，目睹你如何找到问题的答案，对学生来说是受益匪浅的。不要忘记，我们能给学生上的最好的课，就是展示如何寻找信息，如何解决问题，以及如何找出问题的答案。与其授人以鱼，不如授人以渔，这样学生才能更加从容地应对生活中的挑战。

事实上，前文所提及的三种应对方法都没错。它们都能够帮助师生找出答案。但是，如果学生提出了你并不知道答案的问题，你不要总是一味地选择第一种或者第二种应对方法。

切记，你是一位行为榜样。在某些情况下，你要向学生示范如何应对错误：如果你伤害了别人的情感，你要向学生示范应该怎样道歉；当你不知道问题的答案时，你要向学生示范应该如何处理。没有谁知道所有问题的答案。学生不应该视你为完美之人，那将会让学生觉得你和他们有距离感。如果学生知道教师也有不知道的问题，那么他们会更加轻松地接受自己也不知道这一事实，从而摆脱自卑心理，努力学习。

关键要点

学生总是不可避免地去怀疑那些“从不犯错”的教师。没有人喜欢全知全能的人——即便那个人是一位教师。事实上，当学生感到某位教师全知全能时，反而会更苛刻地为难他。这将成为一个“有趣”的游戏，而胜利者必然是学生。

是的，教师本应该比学生知道得更多。但是没有哪名教师能够做到全知全能。坦承自己并不知道某些问题的答案，为学生树立起一个优良的榜样，并且亲自向学生示范如何在自己不知道答案的情况下解决问题。

考试一结束，学生转眼就把知识忘得一干二净

难题47

棘手情境

一位教师最近对我们说："我总是很困惑。我给学生讲授新知识的时候特别卖力，但是考试之后，孩子们就把所有东西都忘掉了。假设第二周我再次用前一周同样的试题考他们，绝大多数学生都会不及格！"为了有效地帮助他摆脱困境，我们旁听了他的一堂课，那是一节关于亚伯拉罕·林肯的课程。

这名教师讲授了亚伯拉罕·林肯的名言警句以及生平事迹。星期一，他将词汇表发给了学生，并且进行了简短的介绍，学生也做了笔记。星期二，学生阅读了关于亚伯拉罕·林肯的一个章节内容，然后回答了文末的练习题。星期三，他们再次复习了上述问题，然后全班轮流朗读了这一章的内容。学生又记下了更多的笔记。星期四，教师要求学生上网搜寻关于亚伯拉罕·林肯的更多问题的答案。星期五，学生进行复习，并且在回家之后继续学习，准备考试。所以，总结起来，学生的备考基本就相当于背诵词汇表和笔记。

但是这样的学习是否能够与实际结合起来呢？学生真的能通过这样的学习了解亚伯拉罕·林肯吗？他们是否曾对林肯这位伟人进行深入探索——分析他的决策、他的政策和他的核心理念？他们是否已经意识到林肯对当今美国人生活的影响了呢？他们是否将林肯与自己或者其他同时代的人进行对比了呢？他们是否能够预测林肯将如何处理当今的政治议题？这些才是能够巩固学习效果的授课方法，仅背诵笔记根本无法达到很好的学习效果。正因如此，学生在考试之后，才会完全忘记先前"学习"过的内容。他们本来就没有扎实地学习过。

这名教师并非懒惰之人。事实上，他在制订教学计划时非常努力。

他承认自己并没有深入思考过自己的教学方法及其内在原因。他说道："你也知道，我当时就是这么学习的，所以我也就这么教了，我从来都没有意识到我根本就未曾让学生深入到学习内容中去，他们实际上没有学到什么东西，只不过是走马观花，然后死记硬背而已。"意识到这一点之后，他对自己过去的授课方法感到愧疚不已。我们告诉他，无须自怨自艾，每个人在通往优秀教师之路上都需要不断进行修炼。

解决之道

倘若你的学生在上交试卷之后马上就忘了先前所学的知识，那么你应该自问：

- 我是否能够帮助学生将课堂中所学内容与现实生活结合起来？
- 我是否安排学生去分析、应用、评价新知识，并鼓励他们运用这些知识来解决现实生活中的问题？
- 除了考试内容之外，我希望自己的学生学到什么、记住什么？

每讲一堂课之前，都要问自己这三个问题。这适用于所有的科目，也适用于所有的学生。对于能够和自己现实生活结合的知识，学生的学习和记忆效果才会更佳。

与前文提到的教师会面几周之后，他说道："我对自己的授课方式进行了一些简单的调整。学生现在能积极参加我的课堂活动了。他们不会再在考试之后就把先前学过的内容全盘忘记了。而且，这种注重与学生现实生活相结合的授课方式让我的课堂变得越来越生动活泼。我简直不敢相信前后的差异竟如此巨大。"

关键要点

- 不论你的授课内容是什么，你都希望学生在离开教室之后，能够掌握与自己相关并且能够在现实生活中使用的知识。对于那些能够与现实生活联系起来的知识，学生的学习效果最佳。

- 要求学生不仅能简单地背诵学习内容，还要学会独立思考。
- 倘若学生在考试之后就完全忘记了所学内容，那么教师就应该对授课方式做出调整。
- 展开有意义的教学活动，督促学生对于新信息和概念进行批判性地思考。

你很困惑：课堂保持安静就一定好吗

难题48

棘手情境

肯特鲁先生参加工作已达二十八年之久。他的头发修剪得一丝不苟，他的工作态度干净利落，他的教室整洁有序，他的学生也极守规矩。按照孩子们的说法，他的课堂就像是“安静的真空”。唯一萦绕在教室中的声音就是肯特鲁先生的讲课声。

走廊对面的教室中，是凯欧斯老师。她教授的科目、年级和肯特鲁先生相同。但她的课堂环境完全不受控制。总是有学生活跃不止、噪声冲天，而且她的课堂永远是混乱不堪的。凯欧斯女士总是要不断地祈求自己的学生安静下来。

两个人都是辛勤工作的教师。他们都真心关爱学生。他们心中的目标都是一致的——帮助学生获得成功。但是，两个人的学生在整个地区都处于成绩垫底的地位。

肯特鲁先生对此大惑不解。他学生的成绩怎么可以和走廊对面那混乱不堪的班级一样呢？凯欧斯女士的学生的成绩欠佳，这是显而易见的，但是肯特鲁先生的学生的成绩同样糟糕，这就比较奇怪了。

像肯特鲁先生那样的教师通常并不会引人注目。他们的课堂并不存在纪律问题，所以和领导的接触也比较少。领导们经过他们的教室时，他们的教室看起来总是井井有条。在这样完全受到掌控的环境中，看似学习效果会很棒，但事实并非如此。切记，只有那些亲手实践的人才可以学有所得。

追求安静课堂的时代已经一去不复返了。当代世界中，学生必须成为主动的学习者和主动的问题解决者。而成为主动的学习者和主动的问题解决者的唯一方式就是要积极主动、全身心投入到学习之中。

解决之道

很多教师都惧怕“嘈杂”的教室。他们担心，如果学生的参与度和投入度太高，自己可能会失去对课堂的掌控。但是，那不过仅是一个管理问题而已。假如在你的课堂中，学生都能够遵守规章制度，那么让噪声保持在可以接受的水平并非难事。尽管如此，某些教师还是会担心，如果上级领导经过教室并且听到了噪声，会误认为学生的学习效果不佳。请确信，没有人会在第一时间准确地分辨出“条理清楚的噪声”和“混乱的噪声”，因为两者的区别实在是太大了。

虽然绝大多数教师都承认安静的教室对于教师而言不愧为一种解脱，但是，所有人都知道，静默状态下的学习效果并不理想，不断地对所学知识进行探讨才能让学生更加深入地参与学习。譬如，你希望就学生们都很感兴趣的一个话题组织一场辩论。在任何辩论当中，都会存在互相冲突的观点。学生会划分为不同的“阵营”，而且每一阵营都希望让其他人信服自己的观点和理念。不过，总是要有一名会议主席负责协调各方。这个人理所当然应该就是你。主席要在辩论真正开始之前就明确辩论规则。整个辩论期间，主席也要进行主持。同时，要保证双方都积极主动地参与到活动中来。

学生迫不及待地表达出自己的观点，让其他人理解自己，这难道不是我们追求的课堂状态吗？虽然我们并不建议课堂中要不间断地进行“辩论”，但是，之所以使用这个比喻，就是为了说明辩论变得混乱的唯一原因就是主席不作为。我们希望学生迫不及待地进行学习，表达自己，提出疑问，并且解决问题。再强调一次，如果课堂寂静无声，那么上述情景就极难出现。

那么，课堂是否需要静谧无声的时刻呢？当然。当学生独自进行阅读或者独自进行写作时，课堂应该保持安静。当学生进行考试时，课堂应该保持安静。不过，在绝大多数情况下，课堂里都应该开展别开生面的教学活动。当然了，只要学生不在，那么教室就一定是静悄悄的。这时候，你就可以享受安静的教室了。

关键要点

为了让学生真正学有所得，我们应该持续性地提出启发思考的问题，并且督促孩子们参与到实验、调研以及问题解决的活动当中。切记：小组活动既可能井井有条，也可能一片混乱——这完全取决于教师。讨论既可能井井有条，也可能一片混乱——这完全取决于教师。学习活动既可能井井有条，也可能一片混乱——这完全取决于教师。

你对于写课程计划表示质疑

棘手情境

作为一名繁忙的教师，很多时候你总是感觉特别沮丧，工作总是过多，薪酬总是那么低，而且不受赏识，你感到自己已经支撑不住了。你的教学计划明天就要交了，但距离最终完成遥遥无期。你怎样才能减轻自身的负担呢？想一想，再想一想。

如果你想感性地对待你的工作，你可能会告诉自己，你已经教书很多年了。你已经撰写了上千份的教学计划。同样的课程你已经反复教授了很多遍。为什么校长就不能不再让你撰写教学计划呢？你闭着眼睛都能讲课了，不是吗？可是，你的上级领导还是要求你上交精细无比的教学计划。好吧，现在你正在思考自己是否可以重新拿出去年的教学计划充数。上交的教学计划跟去年的一模一样会不会引起领导的注意呢？或许不会。

如果你想理性地对待你的工作，那么请试想，一位外科医生对你说："对于你这个外科手术，我并不需要制定手术方案。这种手术我都已经做过几千次了。你和其他人没有什么不同，所以，这次手术我就即兴而为了。"接下来，请试想一位飞行员对你说："我不需要飞行计划。这条线路我飞得实在是太熟了，闭着眼睛都能够带着你们到达终点。"现在，你又听到自己的婚礼策划者说："我知道你花钱雇我是为了策划你的婚礼，我之前的一些策划案确实十分精彩，所以我就用其中一个策划案来安排你的婚礼吧。"最后，请你设想自己孩子的老师对你说："我很累了，我不想再撰写教学计划了。这件事我做了太多次了，因此我有能力随性而为。"够了！你终于意识到问题的严重性了，你开始为自己的课程写教学计划，也终于意识到不做计划就意味着不战而败——不论你从事教职的年头有多长，你都应该在写教学计划时让自己更加省力和高效。

解决之道

首先，请认识到，参考去年的教学计划并在去年的基础上制订今年的计划，这是无可厚非的。优秀的教学工作就是这样——反复使用那些已经被证明是效果超群的做法，摒弃那些被证明是效果欠佳的做法（某些教师也许会反复采用那些效果并不突出的教学材料，因为他们忘记了过滤掉去年那些效果欠佳的做法）。不过，去年毕竟已经过去，当时有效的一些做法今年可能会失效。而且，你教授的是今年的学生，不是去年的，要根据他们的需要进行调整。

教完一节课之后，就要保留那些有效的方法，摒弃无效的方法，而且要立即行动。不要只是把教学计划放在一边，心里认为“明年我要摒弃计划的这一部分”。如此，你就很有可能重蹈覆辙。所以，务必要在今年的教学计划上迅速做出标记（这只会花费几分钟的时间），这样才可以迅速提升下一年教学计划的质量。这些笔记的内容可能包括：你在授课过程中的灵光一现，学生提出的建议，以及你对下一年课程的想法。每节课之后，都花费几分钟时间完成上述工作，这样在制订下一年教学计划时，你就可以节省大量的时间。

切记：要事先为自己预留出写教学计划的时间。优秀的教师每天都会专门安排出不受干扰的时间，专心制订计划。事实上，专心致志地利用一小时的时间制订教学计划，其效果要好于利用几个小时的时间在繁杂的事务中抽空制订计划。

关键要点

当你想在制订教学计划的过程中走捷径时，请铭记以下几点：

- 温斯顿·丘吉尔曾说过："世间诸事，不预则废。"明智地规划写教学计划的时间，你可以使工作效率实现最大化，并且将所用时间降至最低。

- 每天要专门抽出特定的时间撰写教学计划，不可受其他事项干扰。

- 合理安排本年度的教学计划。

- 及时跟进计划，不要让自己陷入措手不及的境地。

- 要确保计划与时俱进。去年所使用的教学活动很可能并不适用于今年。

- 将当今时代的科技——而非过时的科技——融入到你的课程之中。

- 保留有效的教学方法，摒弃无用的教学方法。

- 切记，作为一名教师，不论工作时间多长，不按计划随性教学的效果都不会很好。

- 约翰·伍登曾说过："如果你不愿花费时间好好工作，那么你很可能就没有再做这份工作的机会了。"

你总是墨守成规，缺乏创意

棘手情境

你发现自己总是墨守成规。你感到自己的课程十分无聊。你已经才思枯竭——这不仅限于教学内容。你需要“激励并且启发学生”的巧思，你需要“激励并且启发自己”的巧思，你需要“组织课堂”的巧思，你需要“与家长进行沟通”的巧思，你需要“时间管理方面”的巧思，你需要“教导不听话学生”的巧思。总而言之，你需要巧思。

意识到自己墨守成规和如何让自己脱离成规，完全是两回事（有一种说法是，墨守成规和一潭死水只是程度有所区别而已）。你能够认识到自己大脑中的“水库”发生了堵塞，但是对于如何进行疏通毫无头绪。希望本书能够帮助你疏通自己的大脑水库。

要与他人进行协作，不要害怕向他人请教并且分享自己的创意，这些创意对你而言或许是老生常谈，但对其他人而言则十分新颖。只有这样，你才能收获新颖的创意，了解他人如何安排教学时间，如何组织课堂，如何应对捣乱的学生，如何激励学生，如何处理与家长的关系，等等。

解决之道

使用下列方法，教师既可以让自己变得创意无限，也可以借鉴其他人的创造性想法：

- 首先，要自问，我对于新鲜的想法是否确实持开放态度并且乐于接受全新的风险？绝大多数教师都是不喜欢冒险的。他们难免受限于自己惯常的做法，因为他们十分熟悉这些方法，而且在这样做时会感到非常安心（虽然通常也感到索然无味）。他们将自己锁定在“安全模式”之下，很快就发现自己走上了墨守成规之路。教师要时常提醒自己，如果教学内容无法让你自己感到新鲜而刺激，那么学生感到新鲜而刺激的概率也小之又小。

- 让自己做好踏出“舒适区”，尝试新事物的准备。要认识到尝试新事物可能会令人不安，但也要考虑另一方面——从不尝试新事物是否也会令人不安。

- 准备一份便于速记的日记本（可以是纸质笔记本，也可以是手机或者平板电脑中的电子笔记本），脑海中出现新鲜想法时就及时记录下来。之后再拿这些新想法与其他人进行“碰撞”。切记：来自朋友或者同事的鼓励，具有十分深远的意义。

- 迅速在互联网上进行搜索，可以形成很多关于如何教授旧内容的全新的、不同的或更好的创意。搜索时要尽量具体。譬如，你可以搜索“讲解面积和周长的创造性方法”，你将会发掘出自己用之不竭的创意。

- 不要因为自尊心而不向同事请教教学方法。教育者之间的相互协作，能够催生出更加优秀的教育和学习效果。协作能够培育出一种分享、创造以及冒险的氛围。同时，还可以节省大量的时间。

- 如果你很想知道如何激励某一学生，恰巧又知道走廊对面的一位老师十分擅长激励该学生，那么你只需马上学习并实践该教师的做法即可。

- 发掘社交网络所具备的无穷潜力，与全世界的教育者进行沟通。

- 将自己的失败铺垫成通向成功的路径。如果某一教学活动效果不佳，那么就应该对其失败原因进行分析，下一次再对其加以调整。

- 询问你的学生。请他们分享自己关于学习方法、学习内容、激励方式等方面的想法。

- 没有什么比教学活动更能够提升一堂课的品质了。要事先策划一些能够提升学生参与度的教学活动。将教学活动转化成一场“游戏”，派遣学生去寻找信息，允许他们自由组合去解决问题，等等。

- 在条件允许的情况下观察同事的教学方法。

关键要点

对于“走出自己的舒适区并且尝试新事物”这一问题，如果你只是游泳初学者，那么请不要跳入深水区。先在浅水区试水，慢慢来，每次尝试一个新理念就好，不要完全抛弃自己旧有的教学计划，完全从新开始。婴儿学步时虽然难免左歪右斜，但最终一定可以完全协调地迈步前行。

PART 5

Professional Challenges

职业发展带来的挑战

面对应接不暇的新教学项目，怎么接受挑战

难题51

棘手情境

正当你终于适应了最近的一个旨在全方位解决教学问题的大型教育项目，完成了所有的培训课程，认真拜读了该项目的设计理念，并且最终能够将其与自己的课堂、学生、授课风格“融为一体”时，你听到了一条让人崩溃的传言：这一教学项目已经成为过去式了，因为又有一个全新的项目更加新颖、更加全面，效果也更好。不会是真的吧？为了顺利完成前一个项目你参加了那么多的培训课程，消耗了那么多的时间和精力，该怎么办？

解决之道

当全新的教学项目出台时，优秀的教师会如何应对呢？他们不会完全乱了自身阵脚。虽然他们并不总是欢迎即将开始的各种培训课程，但他们十分重视学习新项目中有效教学方法的宝贵机会。他们对于现实有着清醒的认识，知道新项目绝非各种教学问题的“万能特效药”；但他们同时又十分乐观，敢于拥抱全新的挑战。如果在直面各种挑战，竭尽全力之后，他们仍然感到教学项目存在缺陷，那么他们就会向上级领导表达出自己的观点，并且提出自己的意见。这就是他们的应对之法。我们曾经采访过一位教师，询问他对于该校现行全新教学项目的看法，他回答说：“这一项目，同样也会过去。”我们询问他这句话的具体含义，他的回答蕴含了深刻的智慧：

我从事教学工作已经有二十五年了，我拥有的证书比学校要求的还要多。我曾经目睹过不计其数的教育者和研究人员就教育的对错问题争论不休，而且，相对教学痼疾而言，我也亲眼见证过更多的解决

方案。每当一个新教学项目出台时，我都会微笑着说道："这一项目，同样也会过去。"因为这是大势所趋。多年以来，我已经认识到，这些方案都无法"困住"我。相反，它们却使我变得更加强壮。我曾经参与过前途无量的项目，也曾经是某些无比可笑的薄弱项目中的一员。正因如此，我知道哪些项目有效，哪些无效。如果完全依靠自己闭门造车，那么我将以完全相同的教学方式度过二十五年的教龄。正因为我积极参加那些教学项目，我才能一直不断地取得进步。面对全新的教学项目，我也曾经跟同事抱怨不休。但现在我不会再这样做了。如今，当新的教学项目出台时，我会发自内心地去欢迎它，我知道自己学习新的教学项目时，如果能存精去陋，就一定会成为一名更加优秀的教师。当然，这对我的学生们也有积极的影响。

关键要点

面对新教学项目的挑战时，首先请深呼吸，然后请记住以下要点：

- 没有哪位教师的教学水平会因为一项新教学项目的实施而下降。这是因为教学项目的优劣完全取决于实施者的优劣。因此，请大胆地尝试某些全新的不同做法，并从中找到可取之处为自己所用，你一定会受益匪浅的。

- 一位优秀的教师能够忍受不那么合理的教学项目，并且让自己取得成功。一位糟糕的教师则可以使本来十分合理的教学项目一败涂地。为卓越的教师提供一个卓越的教学项目，则一定会获得卓越的成功。

- 如果你所在的学校施行了一个全新的教学项目，那么请你竭尽全力地予以配合。无论这个项目是否合理，它都会过去。事实上，只要用心去做，你都可借此机会成为一名更加优秀的教师。

被评为“年度教师”的人名不副实

棘手情境

在每一个教学团队中，都有卓越的教师，不那么卓越的教师，以及处于两者之间的中间团体。你肯定了解自己在学校中处于哪个级别。每一个人都对自己的水平心知肚明。因此，任何不属于“卓越”级别的教师，得到其他教师及行政人员的大多数投票，从而被授予年度教师的头衔，看起来完全是不可能的事。但是，今年这种事情居然就发生了。那位一贯对学生大喊大叫、对每个人都牢骚满腹的都姆女士，居然被授予了年度教师的殊荣。

对此，你感到十分郁闷。你知道她配不上这项荣誉。你确信一定是她的同伙合力支持她，将配得上年度教师荣誉的人击败。很明显，这并不公平。你应该如何处理呢？

难题 52

解决之道

首先，要意识到你已经尽到了自己的职责——你为那名你认为配得上年度教师荣誉的同事投了一票。其次，要意识到都姆女士赢得光明正大。这并不意味着她能配得上年度教师的殊荣，但事实仍然是她赢得了足够多的票数。真实情况是，她赢得了一场竞选，而且作为这场选举的胜者她能够获得相应的奖赏。

倘若竞选结果引起了多数教师及行政人员的关切，学校或许会重新探讨评选年度教师的程序。可惜，该工作只能在下一年评选的过程中发挥效果了。

那么，对于都姆女士荣获年度教师这一事实，你处理自身感受的最佳方式是什么呢？你要让自己表现得像一名真正的专业人士。充满热情地祝贺都姆女士。你甚至可以从一名校长办公室理类似事件的经历中有所收获：

去年，我们按照惯例以投票的方式选出了年度教师。以往，获奖者全部实至名归。但是去年的结果有些出人意料。塞缪斯先生赢得了这项殊荣，但他配不上该称号。他的工作态度消极，教学方法古板，而且在课堂上的表现也很差。但我无法更改票选的结果。他获得了足够多的选票而获胜。我校拥有诸多优秀的教师，但反而造成了其他选票在他们之间比较分散。虽然我不能改变投票结果，但我还是思考出了一个让教师们皆大欢喜的方法。塞缪斯先生既然已经当选为年度教师，我认为他就必须受到应得的待遇。在颁奖仪式上，我热情地祝贺了他。我告诉他，大家都很期待从他身上有所收获，而且我会请他将自己的成功经历与其他教职工分享一下。我的想法是希望让他维持较高的工作标准。无论如何，作为年度教师，他都将代表我们的学校。我开始与他进行沟通，谈话主题是"优秀教师的品质"——他们的工作态度、他们的教学方法以及他们对于职业素养的热忱。他也积极参与到这些对话当中。我告诉他，为了向他学习，我会多去听他的课。我甚至会派遣其他教师去听塞缪斯先生的课，他们可以事先与塞缪斯先生沟通，说明自己希望在听课过程中了解哪些内容。长话短说吧。塞缪斯先生的表现显著提升，工作态度的改变更是判若两人。众人对于年度教师的期待都很高，他下定决心要满足这些期待。他成为全校顶尖的教师了吗？没有。但是他的进步是可圈可点的。考虑到作为教师的职业素养，我从来没有将内心的想法告诉其他人，但我猜想，他们之中很多人都能够理解我的苦心。不过，我认为塞缪斯先生对此完全没有知觉。他是年度教师，所以他竭力让自己做到名副其实。

关键要点

诚如俗语所说："一个人或许配不上你的称赞，但在那之后他会更加努力地让自己实至名归。"即便一个人配不上年度教师的殊荣，也要像他配得上这项荣誉一样对待他。向他表示祝贺，并且告诉他你要向他学习。

倘若你感到年度教师的遴选过程无法确保最优秀的人获胜，那么就应向校领导提出建议，为制定更加合理的评选流程贡献出自己的力量。

你的职业影响了你的个人生活

难题53

棘手情境

马瑞尔是一位三年级教师，他喜欢教学工作，也热爱自己的学生。但是今年，他却感到力不从心。他要讲授本学区一门全新的课程，调教几个表现不佳的学生，负责一个学科的教师委员会，还要承担每天的教学任务，他感到疲惫不堪，毫无耐心。他发现自己待在学校的时间越来越长了。

每天回到家时，他发现自己又陷入到了教学计划和批改分数的泥潭之中。就算是周末，也要做学校的工作。即便没有工作的时候，他也发现自己会担心那几个调皮捣蛋的学生，他开始喋喋不休地抱怨自己的工作负担太重。家庭聚会也经常被置之一旁。他对家人总是缺乏耐心，或者缺少陪伴。当家人指出了这一点时，却使得他更加愤懑："他们到底想让我做什么？我只是一个人，我只能做到这样了。他们难道不知道我工作需要多努力吗？"是的，他的家人完全知道他工作需要付出很多努力。事实上，他的工作实在太过努力，以至于家人都很难见到他了。即便是家人团聚的时候，他也表现得心不在焉，疲惫不堪。为了获得他的关注，他的孩子也想尽办法，结果却加重了他的压力。他的婚姻同样如履薄冰。可是他又有什么选择呢？他不得不学习新课程，他不得不制订教学计划，他不得不给学生的试卷评分。的确是这样。但是他也不得不找出平衡工作与生活的方法，而且要尽快行动。

解决之道

倘若你感到自己的职业生活已经对个人生活产生了消极的影响，那么你应该从新思考并且安排生活。你完全可以兼顾自己的职业生活与私人生活。以下就是具体方法：

● 要认识到你必须将工作和生活区分开来。这并不意味着你不能和家人谈论自己的工作，或者不能将学生的试卷带回家。你其实只需要坚持一个原则：别为了其中一方牺牲另一方。

● 制定日程表。举个例子，每天都抽出特定的时间用于处理与学校相关的事务。你可以每天下班之后再在学校待一个小时，而且吃完晚饭半个小时后，你可以安排三十分钟的时间在家处理文书工作。周末则每天可用一小时的时间处理学校相关事务。

● 将日程表告知家人，以便他们事先就知道你在哪些时间段将处理学校相关事务。

● 切记，家人第一。要确保他们了解这一点，而且你的行为也要传递出这一信息。

● 更详细地审视你每天在学校工作过程中的时间分配方式。你在计划阶段是否最大限度地利用了自己的时间呢？如果答案是否定的，那么就要改变自己的工作安排，提升工作效率，这将为你节省出空闲时间来陪伴家人。

● 学会放手。你必须有意识地学会如何放下工作——既包括物质层面也包括情绪层面，同时要学会陪伴家人——既包括物质层面也包括情绪层面。

● 学会说“不”。倘若你发现自己过多地参与到委员会工作或者其他非教学工作中，那么你应该学会对其中部分工作说“不”。与上级领导或者委员会同事进行交谈，向他们解释自己的时间实在不够用，需要将某些工作分给他人。

● 上班时，将当天必须做的事情完成，其余的交给明天和之后的时间。当然，你不应该玩忽职守，但也别妄想成为超人。

● 虽然某些学生会让你感到心烦，还有一些学生的经历让你心碎，但是在工作中全身心地为学生付出之后，就要将这些思绪留在学校。一旦忽略了自己或者自己的家人，你也无法真正帮助到学生。

- 给自己预留出一些时间。如果你对自己过于苛刻，那么对其他任何人也没什么好处。为了更好地照顾别人，你必须关照自己。你可以额外安排一些时间锻炼身体，从事自己感兴趣的活动，或者与朋友团聚。

关键要点

虽然工作非常重要，但家庭永远要排在前位。只需多加用心，你就可以在工作和生活之间取得平衡。如此，你的私人生活和职业生活都不会受到忽视。

在工作过程中，要意识到自己能力有限。你并不是超人，完成当天的分内职责之后，就要学会放手。第二天马上又会来临。尽管某些工作职责你无法忽略，但是很多任务也没必要立即完成。对自己好一点，每天都给自己留下一些独处时间或者娱乐时间，或许这听起来有些自私，但其实并非如此。允许自己放松一下并且享受工作之外的生活，能够保持你生理和心理层面上的健康状态。你的家人值得拥有最好的你，你的学生也是如此。找到恰当的平衡点之后，每个人皆可从中获益。

切记：如果你不照顾自己，那么你也基本不可能照顾你的学生或者你的家人。

你的个人生活影响了你的授课

难题
54

棘手情境

上一章中，我们探讨了工作影响私人生活的情况。本章我们来关注其反面情况——私人生活影响到了你的职业生活。

正如学生需要处理家庭生活中的问题一样，教师也不例外，你会不可避免地会时不时面临一些私人问题，让我们面对这一事实吧——某些时候，你就是发自内心地不想到学校上班。或许你跟交往对象分手了。或许你因为挚爱之人去世而伤心欲绝；或许你今天感到身体不适；或许你的孩子生病了而你又不得不让保姆照顾他；或许今天你上班之前跟家人大吵了一架；又或许你今天就是诸事不顺。

处理上述问题时，你很难保持良好的工作状态。你很容易对学生冷言冷语，或者授课过程中不如平时充满热情，或者将自己的恶劣情绪发泄在学生身上。不仅如此，你还很容易在计划教学和实际授课过程中不那么用心。毕竟，你本身就处于一个非常艰难的阶段。其他人应该理解这一点。

试想，你正在乘坐飞机。飞机机长的表现，将决定你能否安全地抵达目的地。不过恰巧飞行员今天诸事不顺。他刚刚离婚了，并且在与妻子争夺孩子的抚养权。不仅如此，联邦飞行协会又一次更改了规定和章程，所以他现在必须参加更多的培训。他感到自己工作负担过重，却未受到应有的赏识。既然如此，他是否可以在这次航行过程中表现得不那么优秀呢？他是否应该将自己糟糕的情绪发泄在乘客身上呢？答案当然是否定的。他必须时刻保持自己的飞行技能和职业涵养。

任何职业人士都应该表现出职业素养。但是具体你应该怎样做呢？

解决之道

首要之务，就是要认识并且承认你的私人生活正在或者即将影响到你的职场表现。如果你意识不到它的存在，就不可能针对其采取任何行动。因此，对于当下的事态必须坦诚相待。倘若你某一天就是状态不佳，而且你知道自己根本无法为学生提供他们应得的关爱与指导，那么解决方法极其简单：只要当天别去学校就好。这种情况下，应该及时请假。如果你正在处理个人生活中较为棘手的情境——无法在一到两天之内解决的情境，那么你就必须做出抉择。你能够继续专心教学吗？除了你自己，没有人能够回答这个问题。但是如果你认为自己的答案是肯定的，那么你就必须继续履行教师的职责，或者至少你要学会如何“伪装自己”。工作岗位上，不管私人问题有多么苦闷，你都要面露笑容。上班时就要将注意力集中在工作之上。提醒自己，学生有权利得到最优秀的你的教导，而且你的私人问题并不是他们的错误，也不是他们的责任。

本书并不是建议读者应该忽略自己的私人需求、感受、情绪和痛苦。我们只是在提醒你，你不应该让它们影响到自己的学生。

关键要点

切记，你的私人生活并非世界的全部——它只是属于你个人而已。它不应该影响你的职业生活。仅仅因为你在家中心生愠怒就在学校表现欠佳，这样做并不合适。虽然在某些情况下你很难表现得斗志昂扬、积极向上并且热情洋溢，但是请提醒自己：不论哪一天，学生都应该得到最优秀的你的教导。

你没有时间参加课后活动

棘手情境

你的时间非常非常紧张，你要教课，制订教学计划，批试卷，还要在下班之后照顾家人的生活。所以，你似乎无法面面俱到。可惜，课后的活动仍然不计其数——朗诵会、球赛、晚宴、颁奖典礼、学生会、各种委员会会议以及各种谋划召开会议的会议！

你希望让自己的学生知道，你非常在乎——而且你也确实愿意参加他们的课外活动。你将他们视为朋友而不仅仅是教室中的学生，这对于学生而言是十分重要的。你也希望自己参加几个对校园建设有利的委员会，但是有限的时间和精力应该怎么分配才合理呢？有些教师认为，参加某些活动而不参加其他活动，会令他人感到自己有所偏爱，于是他们索性全都不参加。其他人则走向了另一个极端，精疲力竭地试图参加所有的活动和委员会。两者都不是明智的做法。但最佳答案是存在的，而且它就处于上述两种极端做法之间。

解决之道

如何才能确保自己既可以参加课后活动、又可以为自己的私人生活留出大块时间呢？以下这些简单的诀窍能够帮助你找到两者之间的平衡点。

- 首先，审视自己的日程表。确定自己每周平均可安排多少时间参加课后活动。譬如，你的时间是每周两小时。
- 其次，审视该周的课后活动。如果体育比赛要占用两到三个小时的时间，那么你没必要从头到尾都在场。你可以“露一下脸”，然后待上三十分钟。这可以为你节省出参加其他课后活动的宝贵时间。

- 着眼于学生，找出他们所参与的活动。譬如说，你的两名学生本周末要参加体操比赛。你已经制订好了自己的计划，你知道自己无法参加，你可以请他们拍下赛事的照片，这样一来下一周你就可以将这些照片粘贴在教室的墙壁上或者班级的网络主页上。星期一的时候，询问他们比赛的情况，并且展出照片！相对于你的出场而言，你对他们所展示出的浓厚兴趣会更加重要。
- 假如你无法参加乐队音乐会，请学生为你将现场实况录下来。利用自己的空闲时间听完，然后告诉乐队成员他们的歌声多么动听！
- 在学生成功时要表示祝贺，在学生遭遇挫败时要予以鼓励。创建一个电子论坛或者电子相框，允许学生将自己课后活动的照片加入其中。
- 了解学生课外活动的最新进展，每次活动开始之前，都要祝他们好运。事后再询问活动开展情况。
- 偶尔可以给家长寄出一张便条，写道："我听说玛利亚在昨天的足球比赛中表现优异。我真的为他感到非常骄傲。"这种支持对于学生和家长而言意义深远！
- 对于自己能够自愿参加多少委员会持客观态度。尽自己所能，不躲避。但是不要刻意勉强自己。

关键要点

你只是一个普通人，如果超出自己的极限，就会损坏身体健康和心理健康。做出明智的决策，才能保持完善的身心。在合理范围之内，尽己所能。同时，切记：你对于学生生活以及课外活动所表现出来的"兴趣"才是最重要的。即便你没有亲身到场，仍然可以成为一名积极的活动参与者。

计划阶段变成了抱怨阶段

难题 56

棘手情境

没人会否定教师需要更多的时间对教学进行计划，而且任何教师也无法一次就计划完对所有教学工作的安排。的确是这样！很多学校都会安排教师们一起讨论教学计划，然而我们访谈过的很多教师都表示，他们的教学计划会议其实对教学无益，因为某些人在整个过程中一直在不停地抱怨。

一位教师曾经和我们分享了如下经历：

我现在越来越讨厌教学计划会议了，因为根本就计划不出什么东西。刚开始，我本来认为这个理念非常好——一群同事共同计划他们的教学工作，并且彼此分享看法。我甚至还误以为这将减轻我的工作负担。可是，天啊，我大错特错了！真实的情况是，大家聚在一起之后，只是不断地抱怨所有的不合理之处而已，抱怨对象包括学校、家长、学生等。我们不仅没有完成任何计划，反而只是坐在那里抱怨学校给我们安排了太多的任务却没有给我们足够的工作时间。其实，大家每天聚在一起用来抱怨的那一个小时，本来可以对手头工作进行更多计划的，结果却完全浪费了。从现在开始，我已经正式考虑跳过“教学计划会议”了。每天浪费一个小时的感觉很不好，我总是不断地质问自己：当时何苦要参加这样的会议！

首先，要意识到自己并不是唯一一个感到工作不堪重负的人。另外，偶尔向好友、家人或者同事发泄一下自己的愤懑，大家都会理解你的，但不能经常向身边的人传递负能量。

解决之道

以下是最大限度利用计划会议时间的一些诀窍：

- 不要参与到任何抱怨的对话之中。这一点不容妥协。让大家重新关注到集体合作和教学计划上。如果你自己无力做到这一点，就寻找其他同事的协助。要做到这一点，不一定会触犯到其他人，你可以说："我们还是先把教学计划完成吧，最后10分钟的时间里，大家就可以自由讨论了。"

- 如果集体计划会议仍然毫无成果，就不要再去参加了。倘若你既可以进行集体计划，又可以独立计划，那么就自己制订教学计划。但是如果学校规定你必须和同事完成这一过程，那么你就应该坚持自己的原则，帮助同事认真完成教学计划。

- 很多情况下，会有其他同事跟你持类似的想法。要努力去寻找同类。

- 切记：尽可能与他人进行合作，我们并不建议教师独来独往。但是，我们强烈建议你尽力去促使计划阶段更加高效且富有成果。

- 倘若抱怨的人已经成为主流，那么你也可以寻求上级领导的帮助。一名教师向领导寻求协助，借以提醒所有人教学计划会议的真正目的。此外，上级领导偶尔参加教学计划会议也让会议变得高效起来。

关键要点

你在学校花费在教学计划上的任何时间，都可以为你在家中至少节省出两倍的空闲时间。我们之所以说"至少两倍"，是因为你在家里的时候分心事物太多。在学校的时候，你可以心无旁骛，专心工作，其效率至少是家里的两倍。学校内的计划时间宝贵无比。你要高效地利用这段时间。

学校总给你安排最难管教的学生

难题57

棘手情境

一名新学生转到了你的学校，因为他被上一所学校开除了。记录他不端行为的档案堆起来简直跟你一样高，而且名声不佳。有传言说，不论什么样的教师都会被他气哭。然而，校长却将他安排到了你的班级。没错，校长总是让你去负责最难管教的学生。不论是行为上、社交上、情绪上或者学业上存在问题的学生，最终总会进入你所在的班级。你知道，你的校长马上就会敲响你办公室的门，告诉你有新学生要进入你的班级，毫无疑问。敲门了，敲门了。

你应该感到郁闷吗？这样是否公平呢？

解决之道

切记，只有最优秀的外科医生才会被要求去做最复杂的手术。技艺最为高超的工程师才会被要求去负责最棘手的工程项目。当你家的下水道出问题时，最好的水管工永远都是找不到的，因为他的日程安排实在太满了。同样的道理也适用于教师。每一年，家长都会请求学校让自己的孩子进入你的班级。上级领导也乐于将最难管教的学生置于你的教导之下。家长对你的需求很高，你自己也知道这一点。

这会让你的情绪变好一点？不会，当然不会。你难道没有权利去享受更轻松的教学吗？是的，当然如此。其他教导同一年级同一学科的教师难道不应该教导同样数量的问题学生吗？如果你不是如此优秀，他们的确会这样。你们的校长总是说："我也不想这样要求你，但是……"或者"我知道，如果说有哪位教师能够教导他的话，那个人就是你了。”

那么，你能做什么呢？事实上，你可以做两件事：

- 第一，接受挑战——一个对问题学生产生积极影响的宝贵机会。
- 第二，如果你确实感到难以忍受而且不堪重负，那么你完全有权利去与上级领导进行沟通，告诉对方自己的真实感受及原因。希望你的上级领导能够听进去你的话，并且理解事实上你并非超人。但是如果说你仍然有精力去管教一名问题学生，那么请接受他。他需要你。

关键要点

你或许需要经常提醒自己以下内容：

- 你之所以要去管教问题最为严重的学生，是因为你教导水平高超，能够矫正他们的言行。你应该以此为豪。
- 总会有些人——或许所有人——已经认识到了你的才能。你应该以此为傲。
- 问题最严重的学生需要最优秀的教师。你在改变其他人的生活。这是你的荣幸，足以自傲。
- 如果你确实已经无法再去管教一名问题严重的学生，也无须勉强自己。倘若你已经筋疲力尽，就要让自己的上级领导了解到这一点。

你惧怕社交媒体

棘手情境

毫无疑问，你一定知道一些教师因为不恰当地使用社交媒体而受到训斥或者惨遭辞退的故事。你一定听说过某些教师曾发表过不恰当的图片、文章或者评论。你一定在报纸上看到过某些教师曾经在社交媒体上与学生进行不恰当的交谈。你可能还听过教师在不同的社交媒体上针对同事、学生、家长或者上级领导发表过有损形象的评论。新闻上满是类似的故事，你甚至认识一些因为社交网络而置自己于水火之中的朋友。

一位年轻教师曾经说过：

这只是我教书的第一年，但我已经让自己陷入了麻烦之中。我本以为在自己最心爱的社交媒体上已经足够小心谨慎了。我调整了自己的隐私设置，因此我所发布的内容只有特定好友方可浏览。嘿，我也承认，我几乎会把生活中的点点滴滴全部上传到网络上，和自己的朋友分享。我们都是这样做的。我会发布自己吃了什么，有什么想法，去了什么地方，喜欢哪个人，不喜欢哪个人，以及自己经历的事情。有时候我会使用一些俗气的语言，不过只有最好的朋友才能看到。这有什么错呢？每个人都是这样做的啊。可惜，我的一名学生的姐姐是我的好朋友。该学生登录了姐姐的社交账号，看到了我发送的所有状态。之后他就把这些内容分享给了班级里的其他学生。不错，我承认，自己曾经在社交媒体上发表过一些对班级某些方面颇有微词的评论。我甚至还说过几名教师的坏话。

一名学生找到我，告诉我其他学生能够看到我发布的状态。我感到十分窘迫！现在我很害怕这件事一传十、十传百，最后置我于麻烦之中。我该怎么办？

很不幸，上述场景如今已经司空见惯。

从另外一个角度来看，你也一定知道很多有效利用社交媒体的教师。社交媒体本身并没有什么不妥之处。恰恰相反，在职业成长方面，社交媒体拥有不可限量的可能性。之所以会产生不良后果，是因为用户对于社交媒体的使用并不恰当。目前已经有不计其数的网站专心致力于教育领域——教师可以建立班级主页，并且在放学之后与其他教育者、学生和家长进行沟通。网站上图片、视频和博客都非常丰富，学生可以自豪地展示或讨论他们正在做的功课、他们已经完成的成果以及他们对不同科目的思考和感想。他们能够和全世界范围内的学生进行交流。社交媒体让本来巨大的世界越来越小而且越来越联通。所以，不要恐惧社交媒体，谨慎而负责地对其加以使用即可。你可以遵循以下原则：如果某些信息错误的人看到了可能会对你自己、你的学生或者你的工作产生不利影响，就不要发布它。

解决之道

以下是读者在私人生活中使用社交媒体时应该考虑的问题：

- 小心谨慎地进行隐私设置，同时竭尽全力地将自己的私人社交网络活动与职业社交网络活动分隔开来。
- 须知，隐私设置也无法完全确保信息的私密性，因此向社交媒体网站上传信息时要倍加小心。
- 不要有意识地允许学生访问任何你的私人社交网站。
- 切记，作为一名教师，你在学校和社区中起着模范作用，因此你与他人当面交流或者在社交网络上交流时，应当发挥出表率作用。

以下是读者在职业生活中恰当使用社交媒体时应该考虑的问题：

- 遵循学校关于社交网络媒体使用的规定。

- 充分利用社交网络发布并且阅读教育类博客，与同为教育者的网友进行沟通，帮助你的学生与其他学生取得联系，与学生和家长进行交流，在社交网络上学习任何能够提升教学效果的行为。
- 明确学生在使用社交网络进行与学校及课业相关的活动时应该遵循哪些规则和制度。虽然你无法掌控学生在家里浏览私人社交网站的行为，但是你必须清晰地表明他们在教室中使用社交网络时能做什么、不能做什么。

关键要点

- 不要错误地认为任何发表在社交网络上的信息都是私人的。真实情况并非如此。
- 不要发表任何被你的领导、同事、学生及学生家长阅读之后会让你陷入麻烦的内容。
- 不要发表任何被学生和家长看到之后会让你愧疚的内容。
- 不要在教学过程中避讳社交网络媒体的使用。使用社交媒体时应该遵循职业性的原则，并且应有助于教学效果的提升。
- 确保学生在教室里使用社交网络时能够不断被提醒哪些是恰当的方式、哪些是不恰当的方式。
- 小心谨慎地将自己的私人社交网络活动与职业社交网络活动分隔开来。
- 利用社交媒体来推进自己的职业成长，并且与其他教育从业者进行合作。

你想要更加积极向上，但是很难

棘手情境

莎拉和仁妮塔是两名新教师。校园里最消极的教师格鲁姆女士分别找过她们。她会抓住机会，向她们介绍自己，然后警告她们在学生名单里哪些人是所谓的“坏”孩子。对此，莎拉回答道：“哦，天哪。为什么学校要把这些学生分给我呢？”在此之后，她跟同事分享了自己的担忧。这一天以及她从事教学工作的第一年，都可能会被这种心态毁掉。毕竟，她只是一名新教师。学校应该多加留意，不给她分配这么不听话的学生啊。

格鲁姆女士同样也找到了仁妮塔。但是，后者对此的回应则完全不同。在格鲁姆女士警告她学生名单中的“坏”孩子之后，她回答道：“太棒了。就是因为有这样的学生，我才立志当一名教师的。我会努力工作，让他们知道我很关心他们，我会帮助他们做出积极而负责任的选择。”在此之后，她对一名同事说，自己十分渴望去帮助那些有困难的学生。她下定决心，要将这些学生作为今年的工作重点。她是一名新教师，入职之初就能够拥有改变他人生活的宝贵机会，对此她十分感恩。

你是否意识到了个中差异呢？两名教师经历了同样的事情。其中一位选择消极应对，另一位则选择积极应对。积极应对是个人所做出的选择。对于与格鲁姆女士交谈这一经历，她们的解读完全不同。其中一位将其视作长达一年的痛苦之刑，另外一位则认为这是改变世界的宝贵机遇。

看起来，保持积极态度似乎十分容易，但事实并非如此，与其说维持积极心态靠的是运气，不如说它是一种心理状态。学生是非常容易受到他人影响的，作为教育者，我们本身就是行为模范，既然如此，对于教育事业而言，我们成为积极的角色模范就是至关重要的事。

事实上，任何一所学校都有积极向上的教师，也有心态消极的教师。在教学工作中，总是存在极其艰难的时刻。在应对这些挑战的时候，要尽可能采取最为积极的方式。虽然我们不希望引导学生认为“世间万事都是积极向上的”，但我们的确希望帮助他们对学习和日常生活保持积极、乐观的态度。要做到这一点，最好的方式当然就是亲身示范积极向上的状态。即便消极的事件发生时，积极之人也能从中寻求可以吸取的教训。消极之人则只会感到自己是一个受害者而已。我们希望自己的学生能够保持积极的态度。

但是，让我们面对现实吧：某些情况下，教学工作会让我们感到十分棘手。某些情况下，学生会让我们感到十分棘手。某些情况下，同事也会让我们觉得十分棘手。这些都是千真万确的。不过，面对这样的情形，你究竟会乐观还是悲观地加以应对，这完全取决于自己。

解决之道

以下是在学校工作中保持积极态度的一些窍门：

- 微笑。即便你的笑容显得有些勉强。微笑能够点亮你的情绪，也能够点亮你身边人的情绪。倘若你不相信这一点，那说明你还没有亲身实践它。
- 在教室中张贴积极向上的名言警句。
- 不要让消极的同事左右你的情绪。
- 当你发现自己身边都是消极的同事时，请从以下做法中进行选择：（一）将对话朝积极方向进行转移；（二）将对话切换至更加积极向上的主题；（三）礼貌地找个借口，终止对话。
- 当学生被某事所困扰，而且你发现他非常消极时，微笑着告诉他你会帮助他。然后，切实去帮助他。改变学生的情绪要比改变成年人的情绪更加容易。

- 争取让自己的言行成为你的学生和你的同事乐观向上的榜样。牢记古语：行胜于言。学生每时每刻都在注视着你。事实上，学生更愿意围绕在积极向上的教师身边。

- 当你必须对行为失当的学生进行处罚时，不要散发出消极或者讽刺的气息。你可以告诉犯错误的孩子，他下次应该怎样表现。这个时候，你就可以面露微笑，然后说道："我期待你下一次能够以全新的姿态处理好相同的情况。"

关键要点

无论何时，你都会面临多种多样的人和情境。虽然某些情境的发生会在你的掌控范围之外，但是如何应对这些情境则完全由你自己掌握。与消极的同事接触时，你可以在对话中添加积极的因素，或者礼貌地避而远之。尽力使自己周围环绕着积极向上的人。同时，在教学过程中，要在所有棘手的经历中去寻找可以吸取的教训，并且教导学生如何做到这一点。你的情绪会奠定班级氛围的基调。每天都要提醒自己，学生都在仰仗你的指导，而且你拥有改变年轻人生活的能量和影响力。学生的生活需要更多积极的影响。所以，成为一名乐观主义者，积极去改变世界吧。

教育界的流行术语令你眼花缭乱

难题60

棘手情境

教育界的流行词汇实在太多了，有些首字母缩略词非常难懂。从IEP（个人教育计划）到GED（整体教育发展），从PLN（个人学习网络）到CRTs（标准参照测验），光说这些术语，我的舌头都要打结了。不可否认，术语的词汇量愈来愈大。“差异化”、“满足感”、“内在动力”和“外在动力”，还想要更多吗？那就加上“共同核心标准”吧！

上文是否令你产生共鸣了呢？假如你是一名新教师，你甚至可能根本没听过某些上文提到的专用名词。即便你无法完全认出上述术语，也无须惶恐，因为很多人和你一样。确保自己的教学工作能够跟上时代潮流是否有必要呢？答案绝对是肯定的。但是，认识术语并且能够识别出首字母缩略词的意义，并不能完全确保你的教学工作能够跟上时代潮流。

解决之道

以下是关于如何追踪教学工作最新潮流的一些建议：

- 首先，要能够跟上学校内的最新潮流。如果你的学校采用了一个新项目，那么你务必找到尽可能丰富的相关信息，并且接受所有必要的培训。
- 优秀的在线教育网站不计其数，只要简单搜索几下，就可以迅速发现当今教育界的流行趋势。
- 加入一到两个专业的教育组织。绝大多数教育组织都会出版杂志，或者提供在线博客、文章、研究成果等。
- 如果在谈话过程中遇到自己不明白的术语或者首字母缩略词，

直接向对方询问即可。不要感觉低人一等。没有人能够知晓教育界所有流行的专用术语。

- 通过社交媒体与其他教育从业人员进行线上和线下的讨论，评估教育界的最新趋势。但是请切记，流行的事物并不一定是最好的。

关键要点

追踪教育界最新的研究成果和潮流至关重要，但是了解全部最新的术语则实无必要。在某些情况下，所谓最新的术语，不过是给以前就有的教学手段安上一个新名词而已。如果说新的教学方法确实能够提升学习效果，那么你一定要尽快掌握它，尽自己最大的努力，高效地进行教学。

后记

做一名能够触碰学生生命的教师

我们希望你能够在本书中发现有益的理念和建议，并且帮助自己更加高效地处理教学路上所面临的诸多挑战和阻碍。即使你仅仅实践了本书中少数理念，你的努力也必将获得回报。

作为一名教师，你要时刻牢记：将学生的成功作为自己工作的驱动力。只要做到这一点，你就会发现，虽然教学工作并非易事，但其所带来的奖赏却远远超过挑战。任何在生命旅程中获得成功的人都会感恩于教师对自己所产生的影响。作为教师，你是一位很有能力也极富影响力的人。你会触碰到学生的生命——每一学年的每一天皆为如此。正因有你，学生才会变得更加优秀。

“常青藤”书系—中青文教师用书总目录

	书名	书号	定价
	特别推荐——从优秀到卓越系列		
★	从优秀教师到卓越教师：极具影响力的日常教学策略（入选浙江省教师节用书）	9787515312378	33.80
★	从优秀教学到卓越教学：让学生专注学习的最实用教学指南	9787515324227	39.90
★	从优秀学校到卓越学校：他们的校长在哪些方面做得更好	9787515325637	33.80
★	卓越课堂管理（中国教育新闻网2015年度“影响教师的100本书”）	9787515331362	88.00
	名师新经典/教育名著		
★	马文·柯林斯的教育之道：通往卓越教育的路径（《中国教育报》2019年度“教师喜爱的100本书”，中国教育新闻网“影响教师的100本书”。朱永新作序，李希贵力荐）	9787515355122	49.80
★	如何当好一名学校中层：快速提升中层能力、成就优秀学校的31个高效策略	9787515346519	29.00
★	像冠军一样教学：引领学生走向卓越的62个教学诀窍	9787515343488	49.00
	像冠军一样教学 2：引领教师掌握62个教学诀窍的实操手册与教学资源	9787515352022	68.00
★	如何成为高效能教师（美国最畅销教师用书，销量超过350万册，教师培训第一书）	9787515301747	89.00
★	给教师的101条建议（第三版）（《中国教育报》“最佳图书”奖）	9787515342665	33.00
★	改善学生课堂表现的50个方法（入选《中国教育报》“影响教师的100本书”）	9787500693536	33.00
	改善学生课堂表现的50个方法操作指南：小技巧获得大改变	9787515334783	29.00
★	优秀教师一定要知道的17件事（美国当前最有影响教育畅销书作者全新力作）	9787515342726	23.00
	美国中小学世界历史读本 / 世界地理读本 / 艺术史读本	9787515317397等	106.00
	美国语文读本1-6	9787515314624等	252.70
	和优秀教师一起读苏霍姆林斯基	9787500698401	27.00
	快速破解60个日常教学难题	9787515339320	39.90
★	美国最好的中学是怎样的——让孩子成为学习高手的乐园	9787515344713	28.00
	建立以学习共同体为导向的师生关系：让教育的复杂问题变得简单	9787515353449	33.80
	教师成长/专业素养		
	卓越教师工具包：帮你顺利度过从教的前5年	9787515361345	49.00
★	可见的学习与深度学习：最大化学生的技能、意志力和兴奋感	9787515361116	45.00
	学生教给我的17件重要的事：带给你爱、勇气、坚持与创意的人生课堂	9787515361208	39.80
★	教师如何持续学习与精进	9787515361109	39.00
	从实习教师到优秀教师	9787515358673	39.90
	像领袖一样教学：改变学生命运，使学生变得更好（中国教育新闻网2015年度“影响教师的100本书”）	9787515355375	49.00
★	你的第一年：新教师如何生存和发展	9787515351599	33.80
	教师精力管理：让教师高效教学，学生自主学习	9787515349169	28.00
	如何使学生成为优秀的思考者和学习者：哈佛大学教育学院课堂思考解决方案	9787515348155	39.80
	反思性教学：一个已被证明能让所有教师做到最好的培训项目（30周年纪念版）	9787515347837	49.00
★	凭什么让学生服你：极具影响力的日常教育策略（中国教育新闻网2017年度“影响教师的100本书”）	9787515347554	28.00
	运用积极心理学提高学生成绩（中国教育新闻网2017年度“影响教师的100本书”）	9787515345680	39.80

书名	书号	定价
可见的学习与思维教学：成长型思维教学的54个教学资源：教学资源版	9787515354743	36.00
可见的学习与思维教学：让教学对学生可见，让学习对教师可见（中国教育报2017年度"教师最喜爱的100本书"）	9787515345000	29.80
教学是一段旅程：成长为卓越教师你一定要知道的事	9787515344478	39.00
安奈特·布鲁肖写给教师的101首诗	9787515340982	35.00
万人迷老师养成宝典学习指南	9787515340784	28.00
中小学教师职业道德培训手册：师德的定义、养成与评估	9787515340777	32.00
成为顶尖教师的10项修炼（中国教育新闻网2015年度"影响教师的100本书"）	9787515334066	35.00
T. E. T. 教师效能训练：一个已被证明能让所有年龄学生做到最好的培训项目（30周年纪念版）（中国教育新闻网2015年度"影响教师的100本书"）	9787515332284	49.00
教学需要打破常规：全世界最受欢迎的创意教学法（中国教育新闻网2015年度"影响教师的100本书"）	9787515331591	33.00
10天卓越教师自我培训（教育家安奈特·布鲁肖顶尖卓越教师培训教材）	9787515329925	29.00
给幼儿教师的100个创意：幼儿园班级设计与管理 / 为幼升小做准备	9787515330310等	58.00
给小学教师的100个创意：发展思维能力	9787515327402	29.00
给中学教师的100个创意：如何激发学生的天赋和特长 / 杰出的教学 / 快速改善学生课堂表现	9787515330723等	87.90
以学生为中心的翻转教学11法	9787515328386	29.00
如何使教师保持职业激情	9787515305868	29.00
如何培训高效能教师：来自全美权威教师培训项目的建议	9787515324685	32.00
良好教学效果的12试金石：每天都需要专注的事情清单	9787515326283	29.90
让每个学生主动参与学习的37个技巧	9787515320526	28.00
给教师的40堂培训课：教师学习与发展的最佳实操手册	9787515352787	39.90
提高学生学习效率的9种教学方法	9787515310954	27.80
优秀教师的课堂艺术：唤醒快乐积极的教学技能手册	9787515342719	26.00
万人迷老师养成宝典（第2版）（入选《中国教育报》"2010年影响教师的100本书"）	9787515342702	29.00
高效能教师的9个习惯	9787500699316	26.00
课堂教学/课堂管理		
跨学科项目式教学：通过"+1"教学法进行计划、管理和评估	9787515361086	49.00
课堂上最重要的56件事	9787515360775	35.00
全脑教学与游戏教学法	9787515360690	39.00
深度教学：运用苏格拉底式提问法有效开展备课设计和课堂教学	9787515360591	49.90
一看就会的课堂设计：三个步骤快速构建完整的课堂管理体系	9787515360584	39.90
如何有效激发学生学习兴趣	9787515360577	38.00
如何解决课堂上最关键的9个问题	9787515360195	49.00
多元智能教学法：挖掘每一个学生的最大潜能	9787515359885	39.90
探究式教学：让学生学会思考的四个步骤	9787515359496	39.00
课堂提问的技术与艺术	9787515358925	49.00
如何在课堂上实现卓越的教与学	9787515358321	49.00

	书名	书号	定价
	基于学习风格的差异化教学	9787515358437	39.90
★	如何在课堂上提问：好问题胜过好答案	9787515358253	39.00
★	高度参与的课堂：提高学生专注力的沉浸式教学	9787515357522	39.90
	让学习变得有趣	9787515357782	39.00
★	如何利用学校网络进行项目式学习和个性化学习	9787515357591	39.90
	基于问题导向的互动式、启发式与探究式课堂教学法	9787515356792	49.00
	如何在课堂中使用讨论：引导学生讨论式学习的60种课堂活动	9787515357027	38.00
	如何在课堂中使用差异化教学	9787515357010	39.90
★	如何在课堂中培养成长型思维	9787515356754	39.90
	每一位教师都是领导者：重新定义教学领导力	9787515356518	39.90
★	教室里的1-2-3魔法教学：美国广泛使用的从学前到八年级的有效课堂纪律管理	9787515355986	39.90
	如何在课堂中使用布卢姆教育目标分类法	9787515355658	39.00
	如何在课堂上使用学习评估	9787515355597	39.00
	7天建立行之有效的课堂管理系统：以学生为中心的分层式正面管教	9787515355269	29.90
	积极课堂：如何更好地解决课堂纪律与学生的冲突	9787515354590	38.00
	设计智慧课堂：培养学生一生受用的学习习惯与思维方式	9787515352770	39.00
	追求学习结果的88个经典教学设计：轻松打造学生积极参与的互动课堂	9787515353524	39.00
	从备课开始的100个课堂活动设计：创造积极课堂环境和学习乐趣的教师工具包	9787515353432	33.80
	老师怎么教，学生才能记得住	9787515353067	48.00
	多维互动式课堂管理：50个行之有效的方法助你事半功倍	9787515353395	39.80
	智能课堂设计清单：帮助教师建立一套规范程序和做事方法	9787515352985	49.90
	提升学生小组合作学习的56个策略：让学生变得专注、自信、会学习	9787515352954	29.90
	快速处理学生行为问题的52个方法：让学生变得自律、专注、爱学习	9787515352428	39.00
	王牌教学法：罗恩·克拉克学校的创意课堂	9787515352145	39.80
	让学生快速融入课堂的88个趣味游戏：让上课变得新颖、紧凑、有成效	9787515351889	39.00
★	如何调动与激励学生：唤醒每个内在学习者（李希贵校长推荐全校教师研读）	9787515350448	39.80
	合作学习技能35课：培养学生的协作能力和未来竞争力	9787515340524	45.00
	基于课程标准的STEM教学设计：有趣有料有效的STEM跨学科培养教学方案	9787515349879	68.00
	如何设计教学细节：好课堂是设计出来的	9787515349152	39.00
	15秒课堂管理法：让上课变得有料、有趣、有秩序	9787515348490	33.80
	混合式教学：技术工具辅助教学实操手册	9787515347073	39.80
	从备课开始的50个创意教学法	9787515346618	29.00
	中学生实现成绩突破的40个引导方法	9787515345192	33.00
	给小学教师的100个简单的科学实验创意	9787515342481	39.00
	老师如何提问，学生才会思考	9787515341217	33.80
	教师如何提高学生小组合作学习效率	9787515340340	29.00
	卓越教师的200条教学策略	9787515340401	35.00
	中小学生执行力训练手册：教出高效、专注、有自信的学生	9787515335384	33.80
	从课堂开始的创客教育：培养每一位学生的创造能力	9787515342047	33.00

书名	书号	定价
生学习专注力的8个方法：打造深度学习课堂	9787515333557	35.00
学生学习态度的58个建议	9787515324067	25.00
脑教学（中国教育新闻网2015年度“影响教师的100本书”）	9787515323169	38.00
全脑教学与成长型思维教学：提高学生学习力的92个课堂游戏	9787515349466	39.00
哈佛大学教育学院思维训练课	9787515325101	36.00
完美结束一堂课的35个好创意	9787515325163	28.00
如何更好地教学：优秀教师一定要知道的事（被英国教育界奉为圣经的教学用书）	9787515324609	36.00
带着目的教与学	9787515323978	28.00
美国中小学生社会技能课程与活动（学前阶段/1-3年级/4-6年级/7-12年级）	9787515322537等	153.80
彻底走出教学误区：开启轻松智能课堂管理的45个方法	9787515322285	28.00
破解问题学生的行为密码：如何教好焦虑、逆反、孤僻、暴躁、早熟的学生	9787515322292	36.00
13个教学难题解决手册	9787515320502	28.00
让学生爱上学习的165个课堂游戏	9787515319032	39.00
美国学生游戏与素质训练手册：培养孩子合作、自尊、沟通、情商的103种教育游戏	9787515325156	49.00
老师怎么说，学生才会听	9787515312057	28.00
快乐教学：如何让学生积极与你互动（入选《中国教育报》“影响教师的100本书”）	9787500696087	29.00
老师怎么教，学生才会提问	9787515317410	29.00
快速改善课堂纪律的75个方法	9787515313665	28.00
教学可以很简单：高效能教师轻松教学7法	9787515314457	39.00
好老师可以避免的20个课堂错误（入选《中国教育报》“影响教师的100本图书”）	9787500688785	39.90
好老师应对课堂挑战的25个方法（《给教师的101条建议》作者新书）	9787500699378	25.00
好老师激励后进生的21个课堂技巧	9787515311838	39.80
开始和结束一堂课的50个好创意	9787515312071	29.80
好老师因材施教的12个方法（美国著名教师伊莉莎白“好老师”三部曲）	9787500694847	22.00
如何打造高效能课堂（美国《学习》杂志“教师必选”奖，“激励教师组织”推荐书目）	9787500680666	29.00
合理有据的教师评价：课堂评估衡量学生进步	9787515330815	29.00
班主任工作/德育		
北京四中8班的教育奇迹	9787515321608	36.00
师德教育培训手册	9787515326627	29.80
中小学教师职业道德培训手册：师德的定义、养成与评估	9787515340777	32.00
好老师征服后进生的14堂课（美国著名教师伊莉莎白“好老师”三部曲）	9787500693819	39.90
优秀班主任的50条建议：师德教育感动读本（《中国教育报》专题推荐）	9787515305752	23.00
学校管理/校长领导力		
学校管理最重要的48件事	9787515361055	39.80
重新设计学习和教学空间：设计利于活动、游戏、学习、创造的学习环境	9787515360447	49.90
重新设计一所好学校：简单、合理、多样化地解构和重塑现有学习空间和学校环境	9787515356129	49.00
让樱花绽放英华	9787515355603	79.00
学校管理者平衡时间和精力的21个方法	9787515349886	29.90
校长引导中层和教师思考的50个问题	9787515349176	29.00

书名	书号	
如何定义、评估和改变学校文化	9787515340371	
优秀校长一定要做的18件事（入选《中国教育报》"2009年影响教师的100本书"）	9787515342733	2
学科教学/教科研		
北京四中语文课：千古文章	9787515360973	59.0
北京四中语文课：亲近经典	9787515360980	59.00
从备课开始的56个英语创意教学：快速从小白老师到名师高手	9787515359878	49.90
美国学生写作技能训练	9787515355979	39.90
《道德经》妙解、导读与分享（诵读版）	9787515351407	49.00
京沪穗江浙名校名师联手教你：如何写好中考作文	9787515356570	49.90
京沪穗江浙名校名师联手授课：如何写好高考作文	9787515356686	49.80
★ 人大附中中考作文取胜之道	9787515345567	39.80
★ 人大附中高考作文取胜之道	9787515320694	33.80
★ 人大附中学生这样学语文：走近经典名著	9787515328959	33.80
四界语文（中国教育报2017年度"教师喜爱的100本书"）	9787515348483	49.00
让小学一年级孩子爱上阅读的40个方法	9787515307589	39.90
让学生爱上数学的48个游戏	9787515326207	26.00
轻松100 课教会孩子阅读英文	9787515338781	88.00
情商教育/心理咨询		
9节课，教你读懂孩子：妙解亲子教育、青春期教育、隔代教育难题	9787515351056	39.80
★ 学生版盖洛普优势识别器（独一无二的优势测量工具）	9787515350387	169.00
与孩子好好说话（获"美国国家育儿出版物（NAPPA）金奖"，沟通圣经）	9787515350370	39.80
中小学心理教师的10项修炼	9787515309347	36.00
★ 别和青春期的孩子较劲（增订版）（入选《中国教育报》"2009年影响教师的100本书"）	9787515343075	28.00
★ 100条让孩子胜出的社交规则	9787515327648	28.00
守护孩子安全一定要知道的17个方法	9787515326405	32.00
幼儿园/学前教育		
用蒙台梭利教育法开启0～6岁男孩潜能	9787515361222	45.00
德国幼儿的自我表达课：不是孩子爱闹情绪，是她/他想说却不会说！	9787515359458	59.00
德国幼儿教育成功的秘密： 近距离体验德国学前教育理念与幼儿园日常活动安排	9787515359465	49.80
美国儿童自然拼读启蒙课：至关重要的早期阅读训练系统	9787515351933	49.80
幼儿园30个大主题活动精选：让工作更轻松的整合技巧	9787515339627	39.80
★ 美国幼儿教育活动大百科：3-6岁儿童学习与发展指南用书 科学 / 艺术 / 健康与语言 / 社会	9787515324265等	600.00
蒙台梭利早期教育法：3-6岁儿童发展指南（理论版）	9787515322544	29.80
蒙台梭利儿童教育手册：3-6岁儿童发展指南（实践版）	9787515307664	33.00
★ 自由地学习：华德福的幼儿园教育	9787515328300	29.90
赞美你：奥巴马给女儿的信	9787515303222	36.00
史上最接地气的幼儿书单	9787515329185	39.80

书名	书号	定价
主张/教育视野		
学习：让学生在未来拥有不可替代的决胜力	9787515360560	49.90
覆性思维：为什么我们的阅读方式很重要	9787515360393	39.90
如何教学生阅读与思考：每位教师都需要的阅读训练手册	9787515359472	39.00
"互联网+"时代，如何做一名成长型教师	9787515340302	29.90
教出阅读力	9787515352800	39.90
学生赋能：当学生自己掌控学习时，会发生什么	9787515352848	33.00
何用设计思维创意教学：风靡全球的创造力培养方法	9787515352367	39.80
如何发现孩子：实践蒙台梭利解放天性的趣味游戏	9787515325750	32.00
如何学习：用更短的时间达到更佳效果和更好成绩	9787515349084	49.00
教师和家长共同培养卓越学生的10个策略	9787515331355	27.00
如何阅读：一个已被证实的低投入高回报的学习方法	9787515346847	39.00
芬兰教育全球第一的秘密（钻石版）(《中国教育报》等主流媒体专题推荐，台湾地区教育类畅销书榜第一名)	9787515359922	59.00
世界最好的教育给父母和教师的45堂必修课（《芬兰教育全球第一的秘密》2）	9787515342696	28.00
杰出青少年的7个习惯（精英版）(中小学图书馆推荐书目、中国青少年必读书目)	9787515342672	39.00
杰出青少年的7个习惯（成长版）	9787515335155	29.00
杰出青少年的6个决定（领袖版）(中小学图书馆推荐书目、中国青少年必读书目、全国优秀出版物奖)	9787515342658	28.00
7个习惯教出优秀学生（第2版）(全球第一畅销书《高效能人士的七个习惯》教师版)	9787515342573	39.90
学习的科学：如何学习得更好更快（入选中国教育网2016年度"影响教师的100本书"）	9787515341767	39.80
杰出青少年构建内心世界的5个坐标（中国青少年成长公开课）	9787515314952	59.00
跳出教育的盒子（第2版）(美国中小学教学经典畅销书)	9787515344676	35.00
夏烈教授给高中生的19场讲座（入选《中国教育报》"2013年最受教师欢迎的100本书"）	9787515318813	29.90
学习之道：美国公认经典学习书	9787515342641	39.00
翻转学习：如何更好地实践翻转课堂与慕课教学（中国教育新闻网2015年度"影响教师的100本书"）	9787515334837	32.00
翻转课堂与慕课教学：一场正在到来的教育变革	9787515328232	26.00
翻转课堂与混合式教学：互联网+时代，教育变革的最佳解决方案	9787515349022	29.80
翻转课堂与深度学习：人工智能时代，以学生为中心的智慧教学	9787515351582	29.80
奇迹学校：震撼美国教育界的教学传奇（中国教育新闻网2015年度"影响教师的100本书"）	9787515327044	36.00
学校是一段旅程：华德福教师1-8年级教学手记	9787515327945	32.00
高效能人士的七个习惯（30周年纪念版）(全球畅销书)	9787515360430	79.00